藍學堂

學習・奇趣・輕鬆讀

思辨

從問對問題開始

【暢銷經典版】美國大學邏輯思考聖經

Asking the Right Questions

A Guide to Critical Thinking

By M. Neil Browne、Stuart M. Keeley

尼爾・布朗、史都華・基里——著

羅耀宗、蔡宏明、黃賓星——譯

學習批判思考，不怕「逆風發言」

超級歪 SuperY

過去二十年，台灣掀起了一股哲學熱潮，從《正義：一場思辨之旅》（*JUSTICE: What's the Right Thing to Do*）到台灣高中哲學推廣，台灣人開始對哲學產生興趣、喜歡談批判思考，但許多人其實只是批判對方的思考、批評跟自己立場相左的人，並藉用一些哲學家的話來讓自己聽起來更有說服力。台灣高中不像歐美許多國家有哲學教育、批判性思考的訓練，在課堂上若膽敢挑戰、質疑老師，更是會讓自己惹上麻煩，最好按表操課當個考試機器。這導致人們從小到大的教育裡，都不曾學習如何提出「好」的問題、不懂組織自己的論點、不懂區分論點中的價值預設（也因此認為教育部的教材是中立的）、更不懂得如何強化論證來捍衛自己的立場，這都讓社會的公共討論品質難以提升。

與其漫長等待教育體制做出改變，現在人們有更多選擇了：YouTube影片、線上課程、自學書籍。讀者現在手上的這本《思辨，從問對問題開始》，就是在西方暢銷40年的批判思考聖經。西方的批判思考有上千年的傳統，可以追溯到古希臘時期蘇格拉底（Socrates）的辯證法，當時蘇格拉底要對抗的，恰好是輿論時常一面倒擁護的政治既得利益者，操作輿論的這幫人被稱作「智者派」（sophist），多為貴族出身。若用今天的話來說，就像是辯護律師，總是先確定好結論，再回去找理由（也就是作者在第三章所說的「管理式推論」）。因此，蘇格拉底可以算是歷史上第一個最愛「逆風發言」的意見領袖。

我認為最好訓練批判思考的方法就是去閱讀蘇格拉底的《對話錄》，但是古希臘的著作與我們已經有一段距離，不易閱讀。**讀者手中的這本書，可以視為入門版的批判思考訓練**。這本書會教你：如何問出好問題、區分論點裡的價值判斷、看出論點中常見的推論謬誤（例如我們常聽到的滑坡謬誤）、什麼證據是有效的（許多人喜歡拿自己的生活經驗來反駁對方的論點，這就是不足夠有效的證據）、如何詮釋統計數據。每一章的結尾都附上了說明的範例，還有練習題。**這本書不只是教你思考的方式，也讓你理解批判思考如何建立良好的溝通環境**，畢竟，再聰明的人都會犯錯，應該謙虛地聆聽跟自己立場不同的人，理解他們的論點與背後的理由。

書中我最喜歡的例子是這個：當某個人說要捍衛人權的時候，這個「人權」指的是什麼？這使用了曖昧不明的詞彙。如果是出自歐洲官員口中，那可能是「全民健保」；但若是由美國官員所說，可能指的是「言論自由」。這背後反映出歐洲跟美國兩種不同的政治意識型態：福利國家與自由主義國家。這種曖昧不明的詞彙常常被拿來用在強化論點，像是「民意」、「正義」、「我們」這種話術，那個「我們」到底是誰呢？「正義」又是誰的正義？「民意」又是誰說了算？

當前台灣正處於亟需批判思維訓練的時刻，資訊爆炸、假消息充斥社群媒體、社會輿論一面倒讓人不敢「逆風」發言、只問政治立場不問是非判斷的論辯、意見領袖發表似是而非的言論、連專家說的話也時常難以信任。**這本書的出版，會為讀者增添更多選擇**。

（本文作者為 Youtuber）

「問對、做對」其實很簡單：讓提問思考力替你提燈

宋怡慧

有時你明明想拉近關係，很認真地拋出話題來；結果，關係不只沒有變得更親近，反而讓雙方瞬間陷入冰點之境。適得其反的結果，我們得問自己：到底犯了什麼錯？不就只是簡單問了一個問題而已嗎？真的有那麼難嗎？

作者尼爾．布朗（M. Neil Browne）、史都華．基里（Stuart M. Keeley）提醒我們：掌握思考邏輯的提問，才有機會讓對方「願意」回答你想要的答案。讓我們仔細回憶過往與人溝通的經驗：當別人問我們「為什麼」的時候，你就會開始找理由、劃清界線去卸責；但對方問我們「如何」的時候，你就會開始找方法，讓事情有機會解決。沒錯，現在你好像看懂了，只是一個簡單的提問「關鍵」詞，就會影響他人的應答態度。前者有指責的意味，後者有請教的謙卑，所以，你引導了他回答的思考框架。因此，**問個好問題，不只能幫你建立良好的人際關係，還能進行共同信念的召喚，產生「做對」事情的行動力**。

馬克．吐溫（Mark Twain）說過：「當你發現自己和大多數人站在一邊時，你就應該停下來反思一下。」的確，一言堂的討論常常讓決策陷入集體錯覺而陷入思考的偏頗。因而，兩位作者教會我們訓練「批判思考力」：透過提問釐清對方話術的真偽虛實，讓你避開思考盲區，以免落入他人推論的謬誤，做出正確理性的判斷。那麼如何提高思考的品質？每個人都需要培養基礎的思辨力，思考能力來自於建立跨越時空、文化族群的思維標準，唯有「問對問題」才能建立理性思考的形象，同時讓真理越辨越明，彼此理解的真相

才能趨向真實。

我特別喜歡書中提及的思辨骨架，讓我們可以系統化、全面性的展開思考與提問。例如，你必須理解反對方的觀點，以及論述理由和援引的證據。當你掌握更多他者的思考訊息，就能動之以情、説之以理、誘之以利，進行有效地互動，讓對方進入同頻思考的區域，你們就容易走出溝通的迷霧，找到持續對話的契機，形成最後的共識。

作者善於運用課堂授課的實戰優勢，精準地設計十大提問的思考框架，透過思辨練習和示範回答等書寫脈絡，拉高讀者的思辨力，優化我們的提問力，從提問技巧到表達態度等扎實的理論基石，進行提問、思考等實務的拆解。最後，在自我練習的系統下，懂得識破思考謬誤，讓管理式推論發揮最大的溝通效能。

愛因斯坦（Albert Einstein）説過：「用製造問題的腦筋去解決問題是行不通的。」本書讓我們的思考跳脱問題本身，以系統性思維引導讀者去看清問題的本質。**AI時代下對自己最重要的投資就是思辨力**，當你擁有獨立思辨力，就能安靜傾聽進行判讀，也能主動提問達到決策性的結論。如何根據提問，讓自己篩出如黃金般真實有價的談資，再憑藉正確的資訊進行思考分析和綜整評估，我們就容易掌握關鍵訊息，做出明智的決定和溝通。原來，只要讓提問思考力替你提燈就可以了，找出解決問題的核心，發揮反其道而行的思考價值，讓「問對、做對」變成我們簡單的日常。

（本文作者為作家、丹鳳高中圖書館主任）

批判思考讓你成為更好的人

朱家安

人有別於動物的特色之一，在於我們有能力用語言進行複雜的溝通。在理想的世界，溝通能讓人交流價值、討論真實、化解糾紛。然而，理想歸理想，在現實生活裡我們常常對意見衝突束手無策。

這在網路世界尤其明顯。回想一下，你上次在網路上看到兩個人留言的意見不同，他們努力表達自己和理解對方，最後達成共識，是什麼時候？如果人類是溝通的動物，為什麼我們面對不同意見，常常只有沉默、憤怒和嘲諷這幾種不怎麼樣的選項？

因為溝通能力需要學，不是你投胎成人類就會自動長出來的。

若照字面理解，「批判思考」似乎是一種用來讓別人心情變差的技能。然而，批判思考訓練並不旨在精神攻擊別人，完全相反，**它是一門關於理解別人並達成共識的學問**。

歧見可能出於對價值的不同預設、對事實的不同理解、對推論方式的不同判斷。批判思考訓練讓我們發現人講理的可能性。找到歧見的肇因，就有機會找到化解的方案。

自二〇一八年起，學測國文寫作加考「知性」論說文，考的就是反思價值、確認事實和評估推論的能力。我認為大考中心走在正確的路上，因為在現代自由民主社會，小至個人生活選擇，大到國家政策的公共參與，都需要這些能力。大考中心強調批判思考，長遠看來有助於這個國家的未來世代變得能夠互相理解和講道理。

然而，就像統計和程式語言，**批判思考能力不可能一夕養成，必須仰賴理論基礎和實戰練習**。這本邏輯思辨聖經詳細介紹批判思考需要的知識，從關於語言的基本概念、論證架構、謬誤、舉證，到關於討論的心理學，並搭配跟得上時代的案例和練習題。**在中文世界，像本書這樣完整並能獨當一面的批判思考手冊，非常少見**。

當我們有能力進行建設性的思考和討論，就不需要再像現在網路上意見不同的人們那樣，使用羞辱和謾罵來對付對手。只要你願意嘗試，批判思考就有機會讓你成為更好的人。

（本文作者為哲學雞蛋糕腦闆、簡單哲學實驗室共同創辦人）

前言

「我很清楚具備思辨能力、能提出好問題是多棒的一件事，卻苦於不知道該問什麼、怎麼問。」的確，許多人都在討論批判思考的教學與學習，也很清楚批判思考必備的條件是有系統的提問。但要提出哪些問題？判斷他人言論時，這些提問又如何幫助我們做出縝密客觀的評價？

本書目前來到了第十二版。在這一版，我們有些話想說。民主最好的體現，端視人民有無思辨能力！因提出批判問題而下的決定、形成的信念，值得我們抬頭挺胸，自信以對。如果你能透過該特定標準檢視一件事，再決定去相信它，請為自己感到驕傲；這麼做，讓我們能跨越文化，和所有愛好思考的人遵行同樣一套思維標準。

首先，由於學生與使用本書的老師不斷給予回饋，本書得以持續修正、進步。至今獲致的成就，以及十國以上讀者紛紛給予正面評價，讓我們感到無比喜悅，同時也戰戰兢兢，深知必須比以往投入更多心力來教育大眾「問對的問題」。

位高權重的人，更應懂得分辨哪些事實是「假新聞」，以其他事實來證實自己的主張。無論事實有爭議或不完整，需要更多證據來佐證，這麼做都是有益的。這也警惕我們，主張任何「事實真相」之前，**可以**更加慎重。然而，只為了做出特定的結論而假設「我知道的真相和你一樣」，可謂對智慧最嚴重的背叛。

人類始終需要批判思考，尤其是歷史上的此時此刻，有人提出科學「只是另一種觀點」。

面對新的建議，無論接受或拒絕，做決定都越來越難了。我們每天都面臨大量資訊轟炸，試圖說服我們；其中諸多觀點高度分化，訴諸的往往是大腦的情感面而非理性。不在乎證據、胡亂使用語言的例子隨處可見，在許多公開討論中比誰的聲音大，而非誰有理。對自己心中認定的真相深信不疑，即「感實性」（truthiness，「以為或希望是真實，卻非事實」，相關內容請參考第314頁）、抑或對真相漠不關心的現象，已越來越普遍。

隨著我們萌生新的想法，並因應讀者與時俱進的要求，在增修內容時維持本書一貫的特色，是我們隨時謹記在心的最高原則。譬如，我們最在乎的是簡潔易讀的特性，至今為止的經驗也讓我們堅信：在批判性提問技巧的教學領域中，這本小書的確不負所望，成效良好。

此外，本書也持續締造同類書籍無法達到的成果。此次改版提供一套整合度高、一以貫之的提問技巧，運用層面廣泛，同時採取非正式的口語風格。（我們是為一般閱聽大眾而寫，而非針對任何特定的專業族群。）

有個特色值得一提，即本書不僅適用於課堂討論，更適用於教室之外的無數生活體驗。與批判思考有關的習慣和態度可以運用在消費、醫療、法律和一般道德問題的抉擇上。外科醫師建議你進行手術時，運用本書所列舉的批判性問題來發問，聽聽醫生怎麼回答，再從中去尋找答案，或許會對你產生攸關生命的巨大影響。再者，練習批判思考的提問有助於增加一般知識，也能引領我們更正確看待眼前的世界，發現理解世界更好的方式，以及讓世界變得更好的方法。

本書對什麼人最有幫助呢？我們在過去的教學經驗中，接觸到能力各不相同的學生和讀者，而本書所指導的觀念和技巧亦適用於所有學科和課程。事實上，本書過去的版本曾運用於法律、英語、醫藥、哲學、教育、心理學、社會學、宗教和人文科學領域，也適用於多所高中。

針對某些特定用途，本書就更不可或缺了。為了向學生說明課程要求，通識課程的教師可將本書列為指定讀物；強調申論寫作的英語寫作課程，可以本書作為評量文章結構的範本，同時亦可將本書當成檢核表，避免寫作容易犯下的錯誤。當然，這本書也可以直接當作指導批判性閱讀和思考技巧的教科書。

本書雖主要源於我們的授課經驗，亦適用於指導一般大眾養成閱讀和傾聽的習慣。書中提到的技巧，是讀者思辨時都需要培養的基礎能力。無論讀者的教育程度為何，本書所強調的批判性問題應足以強化推論能力。

此次修訂版的特色如下：

- 長久以來，我們肩負著推廣並拓展批判思考至寫作與口說的使命。為達此目的，我們邀請一名經驗豐富的寫作老師參與，順利完成本書，幫助從事寫作、口語溝通的人兼顧批判思考。
- 舊版的「視覺呈現」（插畫）造福了許多學生，為了幫助他們學習批判思考，新版加上了各種主題式圖表，凸顯待討論的重要觀念。
- 在整本書中，我們不斷整合《快思慢想》（*Thinking, Fast and Slow*）暢銷作家丹尼爾・康納曼（Daniel Kahneman）的洞見，尤其聚焦於「慢想」（slow thinking）的重要性。
- 新版汰換了舊版三分之一的練習，提供的例子都盡量與學生的日常生活緊密相關。

- 與舊版相同，我們依然強調批判思考的社交與互動性質，同時也想凸顯：提出批判思考問題的方式，影響了提問的價值。譬如，許多讀者原本打算向他人展現批判提問的能力，卻發現不是每個人都能欣然接受別人針對自身信念、提出批判性的質疑。相較之下，有些互動方式可讓批判思考者與講者、作者之間，產生更令人滿意的對話。我們建議的提問和傾聽策略，目的是「讓對話繼續下去」，而非終止對話。比方說，聽者只要回以一句：「你幹嘛找我碴？」批判提問往往就會戛然而止。
- 新版增添了許多新單元，包括「衡量錯誤」（measurement errors）、「灰色思維」（grey thinking）、「管理式推論」（managed reasoning），以及「基本歸因錯誤」（fundamental attribution error）等。
- 此版本有超過兩百個問題與解答，可供教師作為評量工具或作業。欲進一步檢視並使用這些問題，請上由哈佛教授研發的學習效果分析評定平台 Learning Catalytics，連上網站並建立個人帳號後，就能參考。網址是 https://learningcatalytics.com/sign_in?login=true。

欲利用本書進行教學者，教學手冊提供了全方位的協助，請上網下載：http://www.pearsonhighered.com。

第十二版能夠順利付梓，著實欠了許多人情債。我們要特別感謝培生的審閱人：內華達大學雷諾校區（Nevada University）的 Diane K. Lofstrom Miniel、普來茅斯州立大學（Plymouth State University）的 Clarissa M. Uttley、亨廷頓學院（Huntingdon College）的

John Saunders、坎伯蘭大學（Cumberland University）的 Joshua Hayden，以及峽谷大學（College of the Canyons）的 Leslie St. Martin。

學生一直是提供我們改進意見的主要來源，其中有幾位的意見特別寶貴：Alex Jacobs、Joseph Seipel、Caitlyn Reeder 與 Arataenrique Kaku。

尼爾・布朗
史都華・基里

目次

CH 1 問對問題才能得到答案

CH 4

有無曖昧不明的語言？

CH 5

有無價值觀與描述性假設？

CH 6 推論過程有無謬誤？

7 CH

證據的價值：關於個人經驗、案例、證言、訴諸權威

8 CH

證據有多好？個人觀察vs.研究報告

9 CH

是否還有「另一個成因」？

CH 10 統計數字是否騙了你？

13 CH

克服批判思考的障礙

1 CHAPTER

問對問題才能得到答案

本章學習目標

1 請比較兩個世界：不需要批判思考的世界與我們現居的世界
2 在形塑信念與提出結論的過程中，了解專家扮演的角色
3 清楚批判思考的定義
4 分辨何謂弱義 vs. 強義批判思考
5 價值觀融入批判思考
6 認識可以刺激溝通的批判思考技巧

資訊過多，令人困惑的世界

本書想鼓勵各位學會可以讓生活更美好的事——批判思考。不過事實上，我們身邊有人住在「完全不需要批判思考」的想像世界，在那裡，下列情況相當常見：

一、任何嘗試說服我們的人，只解釋缺點，並藉此遊說我們。

二、遇到令我們困惑不解的人生大哉問時，立刻向可靠的專家、權威或智者求助。這些「知識之聲」凡事都能達成共識。簡言之，身處這個世界的人，對於該相信什麼、該做什麼，永遠不需要擔心，因為總有智者為我們解答一切。這裡的人只有一個任務：找到智者並聽取他們的意見。

三、當做出重大抉擇時，這世界的人都能冷靜、積極且保持好奇心。

希望各位讀者都能清楚我們真實居住的世界完全不是這麼一回事，上述世界只存在於想像的烏托邦。

在真實世界的我們，四周滿是想牽著我們鼻子走的人。那種人覺得自己最棒、無所不知，不論食衣住行或該堅持的信念，問他們準沒錯。那種人聲稱握有人人都應該接受的真相，嘴上總掛著「我樂意幫忙」，他們如影隨形，不讓我們有機會獨立思考、了解自己該成為什麼樣的人。

我們不過花了點時間，上網搜尋瑜伽的副作用，就找到了以下警告：

- 釋放無法控制的恐懼、疾病、性依戀（sexual attachment）、潛意識中可怕的原型形態（arychetypal formation）
- 假死、裝瘋、困惑、焦慮感增加、恐慌症、自殺傾向、憂鬱症、想殺人的衝動、自殘
- 狂躁、精神疾病、幻覺、憂鬱與自殺傾向、神經衰弱、突然心悸、慢性疼痛、人格分裂

看到這裡，各位是不是打算放棄瑜伽了呢？

更糟的是，想說服我們的人並不光明磊落，說話總是真假參半。例如，社會主義者不會說明強勢政府的危險性。保守派不會主動提及社會有多麼不平等，大多數人其實都無法靠努力翻身。販售便宜流行牛仔褲的公司也不會讓顧客知道，低價建立在剝削亞洲勞工之上。藥廠鼓吹我們服用黃、藍小藥丸，卻隱瞞了證實藥物有效的許多科學研究的背後金主就是想賣你藥的公司。看到這裡，相信大家心裡都有數了吧。

如果我們能住在烏托邦、想要答案就依賴專家、智者要的話，方才所述的情景就不是問題了。只要等別人給答案，我們就能抵擋眾聲喧嘩。但事實並非如此，每當意見分歧，我們多半求助無門、亟需那些聲稱可以提供解答的人；而那些人提出的意見卻錯誤百出，且互不相讓、各說各話。下節將著重說明，此真實情況對我們及我們怎麼想，有何重大意義。

本書將在第十三章探討，人們面對訊息紛亂難懂的世界時，大腦的思考方式常常出錯。有時大腦令人激賞，出色又有創意地完成了艱難的任務。但大腦有慣用的思考模式，常讓我們惹禍上身，也就是康納曼所說的「快思」（fast thinking）——「系統一思考」（system 1 thinking）。快思指的是自動化、憑直覺且受情緒控制的思考系統。心理學家強納森・海德特（Jonathan Haidt）這麼形容：我們對情緒的依賴就像一隻發狂的大象在鄉間橫衝直撞，而我們理性的那一面則像一個袖珍騎象人，拚命想控制大象，讓牠不再狂暴躁動。

「專家說……」救不了我們

我們方才強調，如果你想以「專家之言」為器，在企圖控制你的人山人海中找出生路，等著你的只有巨大的失望。那些人往往說的比做的好聽，或許是因為他們深諳此道：唯有堅稱自己所言千真萬確，別人才有興趣聽他們說話。所以，他們只挑你想聽的話說。

為了更清楚闡明我們的觀點，以下提供三個例子給大家參考，摘自大衛・傅利曼（David Freedman）二〇一〇年的著作《錯誤：專家為何總是失靈》（*Wrong: Why Experts Keep Failing Us*，暫譯）：

一、人類應該避免曬太陽嗎？美國疾病管制局表示，曝曬在太陽的紫外線之下，很可能是導致皮膚癌的元兇。但不對啊，世界衛生組織才說過紫外線曝曬只是致病的微小因子。彷彿資訊還不夠混亂，他們更補充道：比起曬太陽，少曬太陽反而會引發更多疾病。

二、養寵物是維持良好健康的一種方法嗎？美國心臟協會指出，許多研究都顯示養寵物對於飼主的健康有正面影響。然而，根據一份可靠的芬蘭研究報告發現，養寵物與健康不佳有關。

三、手機輻射有害健康嗎？國際流行病協會主席表示，「手機會產生有害放射物質」的說法乃空穴來風。不過南加大醫院的醫學專家對此問題的看法大不相同，他主張已有充分證據證實這則健康警訊——手機會增加罹癌風險。

基本上，專家會提供合理的主張或意見，供我們參考並做出深思熟慮的判斷。不過我們必須像木匠般，切割組合這些說法材料、獨立思考後做出決定。

請特別注意，我們並不是在提倡專家無用論。事實上，要是少了那些學識豐富、對我們可能有益的人，我們在世上也會寸步難行。大家或許早就十分關心所謂的專家意見，但我們仍要鼓勵各位再加把勁。你們很快就會明白，除了多聽各領域的專家怎麼說，還要懂得如何將吸收的意見分析評估、去蕪存菁並歸納分類。傾聽的目的是建構屬於自己的解答，而不是像隻迷途小羊或隨專家操控的人偶，對他人的建議照單全收。

心智力量的必要性

一旦清楚知道自己住在「做決定」的世界，就必須親自面對這所謂的「重責大任」：**我們必須堅持而理性地掌握信念與結論。否則無論遇到何人，都會淪為他們的心靈奴隸。**

批判思考教的是實際的技巧與應有的態度，幫助人們理性得出自己也認可的答案。批判思考鼓勵各位多多傾聽並師法他人，與此同時，也不忘衡量他人所言的虛實好壞。就這方面來說，各位會學到一點：我們都得仰賴他人，前提是必須經過精挑細選。批判思考可以將各位從思想桎梏中解放，並且有能力決定自己的未來。

批判思考是救援高手

所謂批判性的傾聽和閱讀，是指運用系統性的方法，來評估所見所聞。這種做法需要一套技巧和態度。這些技巧和態度，是從一連串互有關聯的批判性問題而生。雖然我們將逐一討論和學習這些技巧與態度，但終極目標是要能合併運用、做出最好的決定。最理想的情況是將這些問題變成你的能力，而不再只是你從書本中學得的東西。因此，本書將使用的**批判思考**一詞，定義為：

- 察覺一組互有關聯的批判性問題
- 能以適當的方式，詢問和回答批判性問題
- 渴望積極運用批判性問題

本書旨在鼓勵各位投入批判思考的三大面向。

提出問題，當然希望被提問的人有所回應。提問等於向對方表示：「我很好奇。」「我想知道更多。」「請幫幫我。」這種請求顯示我們尊重對方。問題的存在，是為了給予聽者資訊、為其指路。就這一點而論，批判思考起源於渴望改善我們在思考的事物。批判性問題有助於改善你的寫作和發言，幫助你：

- 以批判性的態度，回應一篇文章或教科書、期刊、網站提出的證據
- 評斷授課或演講的品質
- 組織論點
- 根據指定讀物，撰寫一篇文章
- 參與課堂上的討論

批判思考的三大面向

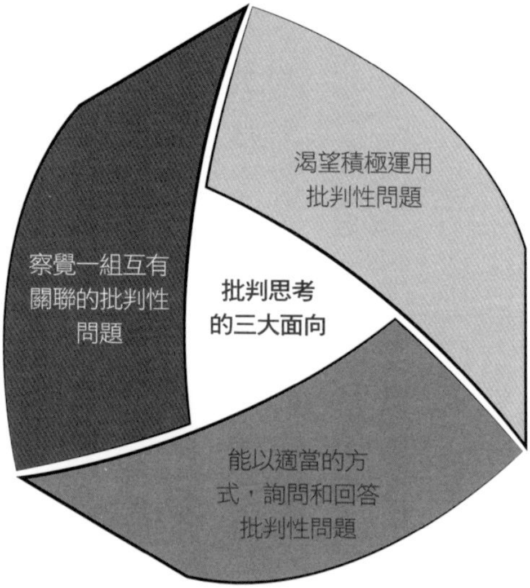
批判思考
的三大面向
渴望積極運用
批判性問題
能以適當的方
式，詢問和回答
批判性問題
察覺一組互有
關聯的批判性
問題

思辨重點！
批判思考的構成要素，包括察覺一組互有關聯的批判性問題，加上在適當時刻詢問和回答批判性問題的能力與意願。

不同的思考風格：海綿與淘金

有一種常用的思考方法，和海綿的吸水反應很像，稱為海綿式思考法。這種流行的思考法具有幾項顯而易見的優點。

第一個優點是，吸收這個世界的知識越多，越有能力了解其複雜性。你學得的知識，可作為日後複雜思考的基礎。

第二個優點是此方法相對消極被動，不需絞盡腦汁；若教材內容清晰且生動有趣，學起來尤其快又容易。需耗費心神的地方，主要在於必須專注和記憶。雖然要成為慎思明辨的人，以吸收資訊為起步的確助益良多。可是，海綿式思考法也有嚴重的缺點，亦即沒有提供方法來決定要相信或抗拒哪些資訊和意見。要是讀者一直依賴海綿式思考法，那麼不管最近看過什麼，都會照單全收。

我們認為，與其成為別人的精神傀儡，各位必定想要自行選擇吸收或忽略什麼。要做這種選擇，在閱讀時，你必須抱持一種特別的態度——提問的態度。這種思考方式需要主動積極參與。作者正試著對你講話，你也應該嘗試回話，即使他不在眼前。

我們把這種互動方式，稱為淘金式思考法。主動積極型的閱聽人，在確定所見所聞是否真有價值的過程，和淘金極為相似。這件事深具挑戰性，有時叫人感到厭煩乏味，但收穫很大。為了分辨談話中的黃金和砂礫，你必須常常提問，並且思索自己所得到的答案。海綿法強調知識的吸收，淘金法則強調吸收過程中的積極和與知識互動。因此，這兩種方法具有相輔相成的互補之效。要淘選知識上的黃金，就必須先有可輔助評選的工具。而要評選各種論點，則必須擁有知識。

採取淘金法的讀者會怎麼做？和使用海綿法的人一樣，都是抱著吸收新知的心情閱讀，但雙方的相似之處僅此而已。淘金法需要讀者問自己許多問題，目的是找到最好的決定或信念。採用淘金法的讀者，經常對作者各式各樣的見解提出質疑，會在頁邊加註提醒自己、指出推論有問題的地方，不斷和眼前的資料互動。他的目的是以批判性的態度評估那些資料，再根據評估的結果，做出個人的結論。

這就是淘金法最重要的特色——互動參與（interactive involvement），亦即作者與讀者、講者與聽者之間的對話。批判思考者在替自己的問題找到有說服力的答案後，便會欣然同意對方的見解。

別人說的話，有些實在站不住腳，但不是每次都能一眼看出。你必須是**主動積極型**的閱聽人，**問問題**可以做到這一點。批判性發問法是最好的策略；提出這些問題的一大優點，在於即使你對討論主題所知相當有限，還是能提出追根究柢的問題。舉例來說，你不必是兒童照護專家，也能針對設立幼兒園一事，提出一些批判性問題。

淘金思考自我檢查表

- 我提問了「為什麼」某人想要我相信某件事嗎？
- 我在思考別人的意見時，是否在可能有疑問的地方做筆記了？
- 我評估了對方的意見嗎？
- 我是否根據意見的合理性，針對主題做出自己的結論了嗎？

弱義和強義批判思考

先前提到，讀者們對許多個人和社會議題，已有自己的一套見解。針對以下這些問題，你可能心中已有定論：性交易應該合法化嗎？酗酒是一種病，還是個人選擇？歐巴馬是成功的總統嗎？在你傾聽和閱讀某些資訊時，已帶有初步的看法。

批判思考可用於兩方面：防衛，以及評估和修改個人的原始信念。國際公認的批判思考權威理查・保羅（Richard Paul）教授，把批判思考區分為「弱義」（weak-sense）和「強義」（strong-sense），這有助於我們理解批判思考兩種截然不同的用法。

思辨重點！
弱義批判思考是指，運用批判思考防衛你既有的信念。強義批判思考則指運用相同的技巧，去評估所有的論點和信念，尤其是自身的論點和信念。

如果你把批判思考當作防衛最初信念的方法，或者受人錢財而不得不這麼做的手段，那就叫「弱義批判思考」。為什麼稱弱義？因為以這種方式運用批判思考技巧，表示你無意求真或求善。弱義批判思考的目的，是抗拒和消滅與你不同的意見及推論。把壓制和戰勝異議者，當作批判思考的目標，這無異於毀滅批判思考潛在的人文層面和進步力量。相形之下，「強義批判思考」需要我們對所有的申論提出批判性問題，連自己的申論也不例外。強迫自己以批判性的態度，觀察本身的原始信念，此有助於防止自欺和從眾的行為。許多人都持有相同的信念時，人尤其容易傾向於堅守目前的信念。如果我們選擇走這條好走的路，必定會承受極大的風險，易於犯下本可避免的錯誤。強義批判思考並非強迫我們放棄最初信念，這種思考方式也可以強化初步信念。因為以批判性的態度來檢視，有時反而會強化我們當初對這些信念的支持力度。

為了對特定意見引以為傲，它必須是從我們了解和評價的意見中所選擇出來的。

思辨練習的重要性

我們希望你盡可能輕鬆學習。但是，要養成批判思考的習慣，剛開始時需要多加練習。每一章最後的思辨練習和示範回答，是本書的重要內容。試著練習、比較你和我們的答案。我們的答案不是唯一正解，只是用來說明如何運用發問技巧。我們故意不提供第三個練習題的答案範例，目的是為了讓你有機會應用剛學過的知識、自行思索答案，以產生更大的成就感。

批判思考的價值——與他人的聯繫

請將他人想成你最珍貴的資源，是你終將擁有事實、意見和結論的基礎；以一種重要且持續前進的態度，把他人當成家庭的一分子、為你培育結論的人。這裡我們所談論的主題是聯繫（connectedness）。

這些互動如何運作，取決於你的價值觀和你認為互動對象所擁有的價值觀。在發現價值觀形塑結論的重要性之前，你必須先了解價值觀的意義。我們定義的**價值觀**是指，對方認為值得花時間和心力去實踐的概念。你還會發現，正因為這個人賦予這些**抽象概念**（abstract ideas）重要性，也因此深深影響了他自己的選擇和行為。

通常某些物件、經驗和行動之所以會變成我們追求的目標，正是因為我們珍惜某些概念。舉例來說，我們可能選擇做某些事，以便有機會接近重要人物；這是因為我們珍惜「身分地位」（抽象概念），所以認為「重要人物」（具體概念）有價值，值得我們花心力、時間去接近。因此，在本章裡，我們所提到的**價值觀**就代表著某人認為重要和好的（抽象）概念。

思辨重點！
價值觀就是人們認為有價值、卻經常未明說的概念。我們可藉由價值觀衡量人類行為的品質。

為了讓自己更熟悉價值觀的意義，請你寫下一些自己的價值觀。設法不要寫人名、具體物件或行動的名稱。吃披薩和打網球或許對你很重要，然而，你賦予抽象概念的重要性，最會影響你在判斷有爭議的公共議題時的選擇和行為。比方說，你贊成或反對自殺，就取決於你賦予「生命崇高性」——這種抽象概念——的比重。創作自己的價值觀列表時，請聚焦於具有重大意義，足以在多方面影響你意見和行為的價值概念。

寫下自身價值觀時，你是否遭遇困難？我們或許可提供幫助。價值觀是我們所支持，也希望別人做到的**言行標準**（standards of conduct）。當我們期望自己選區的政治代表「說實話」時，我們等於在向他們和自己表明：誠實是我們最珍惜的價值觀。問問自己：你希望自己的朋友是哪種類型的人？你期待自己的孩子建立何種言行標準？回答這類問題應該可以協助你進一步了解價值觀的意義。

我們應該多加留意，對價值觀的認知如何與批判思考的社會性質產生關聯。即使要求自己用心傾聽與我們價值觀互異的聲音，但最能夠連結社會關係的價值觀仍是相似性。我們當中有些人視個人責任為非常重要的價值觀，這種人自然會去尋找另一群具有相同觀念的人為伍，譬如，相信**改善個人選擇能力**（improved personal choices）能解決大多數人類問題的人。許多最有價值的社會互動或學習經驗，都源於具相似價值觀者之間的互相溝通；也因此，我們最大的挑戰，就是要求自己努力了解價值觀與我們**互異**者的推論方式。

當冒險、野心、自主、舒適、傑出、正義、理性、寬容與自發可謂是我們重要的價值觀時，其他理性人士卻很有可能與我們產生價值觀衝突。人們往往傾向於只聽與自己價值觀類似者的聲音。這種傾向需要我們積極自助，設法與之抗衡。

批判思考者的主要價值觀

本書旨在幫助各位成為批判思考者。身為批判思考者，你所追求的將是**更好的**結論、**更好的**信念和**更好的**決策。有些價值觀促使你努力去做，而且做到了；有些價值觀則否。因此，如果能認識和欣賞批判思考者的主要價值觀，你將擁有一些心智力量，可以時時提醒自己，必須用心傾聽與你價值觀不同的人。接著，讓我們一起來檢視批判思考者應有哪些主要價值觀：

1. **自主**：乍聽之下，你或許會認為，這項價值觀並不鼓勵你用心傾聽異議者的聲音。畢竟想做出結論的內驅力，怎麼會鼓勵我們去尋求或聆聽意見不同者的觀點？問得好！那麼，你使用什麼材料來追求自主呢？當然，我們都希望材料來源越豐富越好；然而，我們或許會錯過某個自己選擇的決定或選項，除非我們曾經關注那些沒有分享我們珍視、優先價值觀的異議者。例如，如果民主黨員只聽其他民主黨員的話，往往會犯下大錯。

2. **好奇**：若想在生活中善用淘金法，你必須傾聽和閱讀，**真正**傾聽和閱讀。其他人擁有推動你、讓你進步的力量，他們可以將你從部分偏頗的知識裡解放出來。想成為批判思考者，你因此必須對自己的所見所聞提出問題，而在其中你可以從其他人身上得到見解和理解。這種情形正是本書所說的，**他們必須提供好推論的需求和標準**。

3. **謙虛**：縱使全世界最聰明的人，每週也要犯許多錯。承認這一點，可以提供我們最理想的平台，積極與其他人交流。當然，有些人的見解就是比其他人來得深入且高明，但我們每個人能做的事情終究有限。當我們坦然面對自己時，才能回應蘇格拉底「自知自己無知」這句話的真意。我們一旦接受這個事實，就比較可能體會，與別人相處的經驗可以填補一些「無知」的空隙。此外，謙虛能避免批判思考常見的阻礙，也就是相信「不贊同自己的是因為對方有偏見，但是我並非如此」的信念。

4. **不論在任何情況下，都要接受好的推論**：雖然我們總想尊重和聆聽其他聲音，但並非所有結論或意見都等價、值得我們敬重。你研讀本書，將習得批判性問題，這將提供你架構，協助過濾和挑選那些想影響你的專家或人群。當你找到強而有力的推論時，無論作者或講者的種族、年紀、財富或國籍，都應該緊緊抓住、遵行，直到有更好的另一組推論出現。

無論如何，根據你的信念來行動，你會表現得更有自信；但是，不要盲目緊抓著信念不放，總要留一點空間，不時自問：「我有沒有犯錯？」

有些意見是**你自己的**，你覺得有必要加以保護，我們可以理解這種心情。但請聽聽政治評論家史蒂芬・柯貝爾（Stephen Colbert）如何挖苦這種心態：「我從來不是真相的信徒。你也知道，真相是可以改變的，但我的意見從不改變，不管真相為何。」

讓對話持續

由於批判思考是一種社會活動，當我們提出問題，詢問他人的信念和結論時，需要考慮他們可能的反應。與我們互動的人如果也擁有批判思考者的價值觀，就會認為我們是合作夥伴，問問題純粹是為了替雙方共享的議題尋求更好的答案。但是，這種一起成長的可貴機會，並不是你唯一會遭遇的互動狀況。

許多人不喜歡自己的想法受到質疑，通常的反應是將提問看成找麻煩和不友善的行為。有些人甚至會質疑：「為什麼對方一直丟出這些挑戰性的問題？為什麼對方不乾脆一點，直接接受我的意見？」如果有人面對你的問題，回以：「你為什麼這麼尖酸刻薄？」也請別驚訝。許多人就是不習慣一再被追問，也無法體會為什麼有人那麼想弄清楚堅持某種觀點的理由。

以培養批判思考為目的，處理論點（argument）應該採取完全不同的做法和態度。因為我們視論點為一項機制，可藉此施肥和修剪自己目前的結論；所以我們將會以不同的方法來運用辯論這項機制。**論點**的定義為兩種陳述的組合——結論和支持它的理由。簡而言之，理由和結論的合作關係，就是一個人所持的觀點。論點就是我們提供大家參考的東西，因為我們在乎人們的生活方式和信念。我們能持續進步，取決於有人足夠關心我們的福祉，願意提出自己的論點和評估我們所做的論點。唯有在這種情況下，我們才能將自己培養為思慮周全的人。

最重要的是，在你運用批判思考時，要讓其他人清楚感受到你是來學習的；更進一步，要讓所有人知道你永遠祝福他們。倘若你與他們有任何不同意見，無論此異議有多麼嚴重和重要，你都不希望引發唇槍舌戰。以下提供一些可持續對話的談話策略：

1. 設法澄清你是否了解對方，問法可以是：「**你說的是＿＿＿＿？請問我聽到的是否正確？**」
2. 請教對方，有無任何資料證據可能促使他改變心意。
3. 建議暫停一段時間，以供雙方針對你所堅持的結論，搜尋最佳證據。
4. 請教對方為什麼認為你所提出的證據不夠有力。
5. 設法合作。假如你採用對方的最佳理由來補強自己的最佳推論，能否導出雙方都可以接受的結論？

6. 尋找共同價值觀或其他共享的結論作為基礎，以便判斷雙方對話是從何處開始出現差異。
7. 設法展現關心與冷靜的好奇心；討論的語調一有加溫趨勢，立即提醒自己：你是來學習的、不是來打仗的。
8. 確定你的臉部表情和身體語言都很謙虛，而不是擺出無所不知的高姿態。

建立適合溝通的環境

作者與講者都需面對一個抉擇：你必須決定想為閱聽大眾建立什麼環境。你想看到對反對者充滿敵意的社會嗎？在如今高度分化的社會氛圍中，容易讓人產生消滅不同意見的衝動。且看美國選舉慣用的伎倆——《每日秀》（*Dalily Show*）前主持人強・史都華（Jon Stewart）滿口嘲諷地說：「我不同意你說的話，因為我知道你百分之百不是希特勒。」

史都華這句話傳達出一種精神，想要創造何種溝通環境，由我們自己決定。在那個環境中理性人士都能有效溝通、尊重彼此意見並互相反駁，亦即歡迎討論與提問。我們當然都會喜歡這樣的世界，但打開天窗說亮話吧：為了排斥、甚至打敗批判思考者而書寫，是不是也很吸引人？

首先，面對難以回答的問題，直接否定比較簡單，省得花時間思考如何回應。再者，語氣務必像個權威人士，讓對方不敢挑戰你的專業判斷。更別提用在寫作時會多有趣了。相信大家都看過電影、書籍、專輯或電玩的毒舌評論吧？

接著來看二〇〇九年賣座大片《變形金剛：復仇之戰》（*Transformers: Revenge of the Fallen*）的一則評論，觀察美國知名影評羅傑・伊波特（Roger Ebert）的語氣與用字：

> 不想浪費錢買票的人，可以進廚房去，找一群男性唱詩班成員來唱地獄之音，叫你家小孩敲打鍋碗瓢盆，然後閉上眼睛開始發揮想像力。

試著說服做出上述意見的人，他應該冷靜下來並反求諸己！

進入本章尾聲之前，希望我們清楚傳達了這點：可以簡單、快速回答一切複雜問題的烏托邦並不存在。事實恰好相反。我們一直遭受各種攻擊，總有人想說服我們該相信什麼、該做什麼決定，以及如何生活。想抵抗這種狡猾難纏、又很會說話的人，批判思考是最佳的防禦工具。

請牢記：批判思考本來就是一套經訓練的反應，用來回應他人的書寫或話語。身為批判思考者，一定都希望能審慎而不偏頗地提出任何看法或論點。一旦需要說服他人贊同自身看法時，批判思考者可不想隨便交出一篇胡說八道、邏輯不通的文章，或者比誰大聲地咆哮出未經驗證的看法。批判思考者也不想只是從善如流、重複他人的論點，無論對方的論點有多傑出。

接著來看本章提過的兩種不同策略，可用來增加批判思考寫作與說話的效果：

一、說話或寫作時，能掌握語氣（tone）並妥善運用。

二、避免「依賴」專家。

若能有效運用上述策略，可提升他人願意聽我們說話的機率，同時也能激勵我們發展自我觀點與意見。

語氣是說寫時，吸引閱聽大眾的關鍵。如果語氣具攻擊性、不能容忍異己、動不動就批評人，很容易讓別人對你敬而遠之，造成分化。不過，語氣也能搭起我們與聽者之間的溝通網，藉由深思熟慮、合情合理的論理過程，使對方主動向我們靠攏。面對自身信念，人們總是容易激動且熱情以對，亟欲與大眾分享，結果反而讓他人避之唯恐不及。譬如，還記得前面提及伊波特在《變形金剛：復仇之戰》影評中，將電影比喻為地獄唱詩班吧？顯然，這種有力的視覺語言成功促進了影評的點閱率與討論度，卻也阻絕了欣賞（且尊敬）認真、平衡觀點的讀者。

說寫風格與方式，大幅影響並決定了他人怎麼「聽」我們。如果伊波特這麼說：「喜歡電影充滿衝突、刺激、喧鬧場面的人，《變形金剛：復仇之戰》是你的最佳選擇。」相較於先前的影評，我們對於這句話的反應或許會有所不同？同樣地，在比較重要且嚴肅的論點中，我們亦能透過廣泛深入地考量多元觀點與價值觀，提出具建設性的針砭與批評。

撰文或口頭表示某人是「愚蠢且無知的」，這種語氣往往令人倒盡胃口，甚至會讓讀者或觀眾視若無睹、充耳不聞，尤其是持相反看法的人。只要我們開始指名道姓的謾罵，就會降低自身主張或訴求的水準，和吼得最大聲、罵得最難聽的人就能獲勝的「校園大吼大叫比賽」沒什麼兩樣。相反地，讓我們嘗試用強義批判思考的語言來形塑論點，這麼一來，其他人會更願意「傾聽」我們想說什麼。試想，若是沒有半個觀眾或讀者，說話或寫作又有什麼意義呢？

語氣還能透露出講者或寫作者無法容忍與自己不同的觀點，卻不能展現出說者或寫作者為了問對問題、全盤思索過所有結論，且妥善利用這些問題來檢視自身信念有無差錯。因此，請以二十世紀最知名物理學家理察・費曼（Richard Feynman）所言來提醒自己：科學家有新想法時，率先採取的步驟並不是外出找證據來佐證自身想法為真，而是先自我檢視是否哪一步走錯了。

不論寫作或演說，想符合強義批判思考方式有個好方法，就是先發展完整的主張或論點來反對另一主張（反論點）的內容，再來發展主旨（thesis）。舉例來說，全心支持日曬機的人，必須先蒐集、了解其他持不同觀點的人怎麼想，再來發展自身為何支持的論點。這麼一來，不同意我們的讀者或觀眾都會正襟危坐且全神貫注，心想：「這個人一定站在我的立場想過，他的話或許值得一聽。」

在說寫時使用批判思考技巧的另一個步驟是，有效融合專家意見，再用自己的話說出來。人們通常「依賴」專家的理由五花八門，包括缺乏自信、怕出錯、懶得動腦，甚至是單純的無知。人們會努力記住並引用他人的名言，卻不願做苦工去了解自己的意見、清楚發聲。我們是否太常因別人的文章或發言太厲害而驚豔不已，心想「這就是我想說的！」並在自己的作品中引用。又或者，和他人爭論時，你是否發現自己常將別人的觀點當成自己的說出來？這麼做很容易，而且效果很好。但請務必謹記，當個現學現賣的學人精雖然輕鬆，卻不是稱職批判思考者應有的表現。

那麼，我們要怎麼避免在說話或寫作時，一味「依賴」專家呢？假如我們發現自己一再引用專家意見或經常改寫轉述他人看法時，請停下來思考並自問：「我自己的想法和理由是什麼？」引用與改寫在論理過程中占有一席之地，但僅限於支持自身主張時使用。比方說，看過伊波特的影評後，我們或許會忍不住在發言時提到：「《變形金剛：復仇之戰》是史上最爛的電影。」也可能想引用伊波特的話來佐證——那個「地獄唱詩班」的比喻太妙了。

然而，現在先將伊波特放一邊，問自己：「我不喜歡《變形金剛：復仇之戰》的哪些地方？」答案可能是：男主角馬克・華伯格（Mark Wahalberg）始終如一的演技很爛、沒完沒了的動作場面，或是了無新意的對話。我們想要的是，在說寫時發展自我觀點，並把伊波特當成巧妙的助攻。身為批判思考者，我們不僅能磨練成為積極讀者或觀眾的技巧，還能逐一通過成為積極發言者或作者的那些令人興奮的關卡。

融合他人觀點並用於自身立場、謹慎思考要使用何種語氣，都有助於在寫作或思考時發揮思辨能力。兩者都能兼顧的話，可大幅提升被他人聽見、注意的可能性，同時開啟優質的討論管道，讓我們有機會學到更多。這會精進我們的探索與論證能力，還能訴求保持對話而非終止討論。

2 CHAPTER
議題與結論是什麼？

本章學習目標

1 認識議題的類型，並分辨眼前議題屬於哪一類
2 找出議題與結論
3 寫作時清楚區分議題與結論

在我們評估某人的推論前，必須先找到它。這聽起來好像很簡單，事實不然。要當個批判思考者，第一步必須練習的是確認議題和結論。將議題視為問題來引發討論，而結論則是作者基於問題所採取的立場。請嘗試找出以下文字段落的議題與結論：

> 手機雖然有種種便利之處，使用上卻也有十分嚴重的缺點。為降低開車時傳訊息導致的意外事故，美國某些州已意識到用高額罰鍰來遏止違規使用手機的重要性。我們需要更有效的處罰，以應對不當使用手機日漸普遍的情況。

寫下這段手機評論的人，非常希望你相信某件事。但某件事是什麼？我們又為什麼應該相信這件事？

依此類推，建立網頁、寫部落格或拍片、寫社論、著書、在雜誌上撰文、發表演說的人，都想改變你的認知或信念。如果你想以合乎理性的行為回應他們的努力說服，就必須先確認爭議點或**議題**（issue），以及試圖說服你的主旨或結論。無法辨認出作者結論，你將在有意圖的溝通中，對曲解的版本做出反應。

在你完成本章之後，應該可以成功回答我們所要教授的第一道批判性問題：議題與結論是什麼？

思辨重點！

議題是指談話或討論時的問題或爭議，也是引發對話的原因。

議題的種類

先談談兩大類經常碰到的典型議題，對讀者們應該頗有幫助。下列問題為其中之一：

1. 接受音樂訓練**是否**有助於學好數學？
2. 家暴最常見的原因**是**什麼？
3. 百可舒（Paxil）**是**治療憂鬱症的特效藥嗎？

這些問題都有個共同點，那就是試圖回答這個世界過去、現在、將來的樣貌。例如，前兩個問題的答案可能是「大致上，受過音樂訓練的孩童，數學學得比一般孩子好」，以及「長期喝酒**是**釀成家暴最常見的原因」。

這類議題稱為**描述性議題**（descriptive issues），常見於教科書、雜誌、網際網路、電視，反映我們對世界樣貌或秩序的好奇心。請留意上述每個問題中劃左線的文字，如果提問中出現這樣的文字，可能多半是描述性議題。

思辨重點！
描述性議題提出問題，探討和過去、現在、未來有關的描述是否準確。

現在再來看第二種類型的問題：

1. 公立學校**應該**教授智慧設計（intelligent design）嗎？
2. 我們**應當做什麼事**來防制醫療補助詐欺（Medicaid fraud）？
3. 我們**必須**禁止多功能休旅車（SUVs），來降低氣喘患者增加的趨勢？

這些問題都希望獲得世界**該是**什麼樣貌的回應。比方說，前兩個問題的答案可能是：「公立學校**應該**教授智慧設計」，以及「醫療補助欺詐**應當**重罰」。

這些議題和倫理或道德有關，他們提出的問題涉及是非對錯、美醜好壞。他們希望得到指引性的答案；因此，我們稱之為**指示性議題**（prescriptive issues）。社會爭論往往屬於指示性議題。

以上所述有些過於簡化，有時很難判斷討論的議題屬於哪一類。不過，把這個分辨方法記在心上還是有幫助，因為你最後所做的批判性評估，將取決於你回應的議題類型。

Attentions!

指示性議題所提出的問題，和我們應該怎麼做或何謂對錯好壞有關。

尋找議題

我們如何確定基本的問題或議題是什麼？有時非常簡單，因為作者或講者會告訴你。有時，議題可以在內文找到，經常在開頭提及或以標題點出議題。明示議題時，會以下述措辭表示：

1. **我要提出的問題是**：為什麼必須立法規範香菸產品？
2. 降低法定飲酒年齡，**這麼做對嗎**？
3. 學校**應該**教性教育嗎？

遺憾的是，問題不見得每次都一目瞭然，而是必須由溝通內容的其他線索來推敲。比方說，許多寫作者或講者會針對他們當前關切的事件抒發己見，像學校裡發生一連串的暴力行為。你可以提問「**作者究竟對什麼事有感而發？**」這往往可以找出溝通的核心議題。另一個好線索是去了解作者的背景，例如他屬於哪個組織。因此，在你試著確定議題為何時，不妨查查作者的背景資訊。

確認議題時，千萬不要以為只有一種正確的敘述方式。一旦你找到整篇文章或整場演說所談的某個問題，並且能指出那個問題和文章或演說的關係，**你就找到問題中引發爭論的議題了**。務必確認你找到的「議題」，符合上述的定義標準。

然而，若看不出明確的議題時，最有把握的方法是瞄準結論。多數情況下，你必須先找到結論，才有辦法確定議題。依此條件，批判性評估的第一步就是找結論，而這往往相當困難。**在我們找到結論之前，無法進行批判性評估**。接著，就讓我們一起來尋找這個非常關鍵的結構性因素。

思辨重點！
結論是指講者或作者希望你接納的訊息。

尋找作者或講者的結論

要確定結論，批判思考者必須問：「**作者或講者想證明什麼？**」或「**訊息傳播者的要旨是什麼？**」這兩個問題的答案，就是結論。進一步說，能夠回答講者或作者所提問題的任何答案，便是結論。

為了尋找結論，你必須找出作者或講者希望你相信的一句或一組陳述。作者或講者希望你根據他們的其他陳述，相信他們的結論。簡言之，具說服性的溝通或論點，基本結構是**由於那樣，所以這樣**。**這樣**是指結論，**那樣**指的是支持結論的陳述。這個結構就是**推論**的過程。

結論是一種得自推論（reasoning）的過程，需要其他觀點支持。因此，當某人宣稱某件事情是真的，或者應該去做，卻沒有提出支持相關說法的陳述，那麼他的宣稱就不算結論，因為並沒有提供任何信念基礎。相對地，沒有任何陳述支持的主張，對我們來說，就**只是**意見表達。

了解結論的本質，是培養批判性閱讀和傾聽不可或缺的一步。讓我們一起更深入探討結論。請嘗試從以下簡短文字中找出結論和支持結論的陳述。

> 基因改造食品不該合法化。我們還不清楚人類攝取化學家改造的食品，對健康有何影響。

「基改食品不該合法」是作者針對問題「基因改造食品該不該合法化？」的回答，也是結論。作者提出警告來支持其信念：「由化學家改造的食品可能危害健康」。你看得出來，為何作者所支持的信念並非結論嗎？因為它被用來證明另一件事，因此不是結論。**請務必記住：相信某項陳述**（結論），是因為你認為**其他的**信念為陳述提供很好的支持，這個過程稱為推論。當人們進行這個程序，就叫推論；結論是推論的結果。

有些時候，訊息傳播者不會明白地做出結論，在這種情況下，你必須從作者用來證明的一組觀念中，推導結論。一旦你發現結論，務必將它當成評估時的焦點。這是作者或講者希望你選擇的終點。你必須繼續提問：我應該根據支持的基礎，接受這個結論嗎？

從蛛絲馬跡中找結論

有許多線索可以幫助你確認結論。

線索一：詢問議題為何？

結論總是應議題而生，如果你知道議題，便有助於找到結論。前面曾經談過如何確認議題，首先，看標題；其次，看最前面幾段。如果這個方法不管用，就必須繼續往下瀏覽。

線索二：看提示字詞

下結論之前常會出現一些特定的提示字詞，用以預告結論呼之欲出。看到這些提示字詞，就要特別留意。這些詞彙告訴你，隨之而來的就是結論：

- 這麼一來（consequently）
- 意指（suggest that）
- 所以說（therefore）
- 所以（thus）
- 我想說的要點是（the point I'm trying to make is）
- 接下來就是（it follows that）
- 顯示（shows that）
- 證明（proves that）
- 指出（indicates that）
- 事實真相是（the truth of the matter is）

遺憾的是，許多文字和口語溝通並沒有用提示字詞帶出結論。但是當**你**為文時，請務必以提示字詞吸引讀者注意你的論點。這些詞彙就好像霓虹燈飾，可以引來讀者的目光，放在你希望他們接受的論點上。

線索三：尋找結論可能出現的地方

結論通常落在某些特定之處。你可以先找找文章的開頭和結尾。許多作者會開門見山的把他們的目的講清楚，裡面含有他們想要證明的結論。也有不少作者是在文末彙整結論。閱讀複雜的長文，卻不知道它想說什麼時，不妨直接跳到文末。

線索四：記住哪些內容不算結論

以下的內容不是結論：例證、統計數字、定義、背景資訊、證據。

線索五：了解溝通內容的前因後果和作者的背景

作者、講者、網站對於某些議題採取的立場，往往是可預料的。若結論並不明確，了解資料來源可能的偏見和作者的背景，是格外寶貴的線索。不妨特別留意和作者或講者可能有關的組織。

第一問：議題與結論是什麼？

請在以下各篇短文中，找出議題和結論。尋找議題和結論時，務必留意提示字詞。請注意：我們在短文1的示範回答裡使用了自問自答的解題模式，已透過有聲思考法親自演練過，希望能讓你未來在處理批判性問題時，更加輕鬆愉快。針對短文2，我們提供了比較精簡的示範回答。至於練短文3的練習，我們就不提供答案，請自行找出短文裡的議題和結論。

短文1

如果父母之一能夠當成全職工作全心投入，並且擁有見解、相關知識和耐心，在家自學是絕對可行的觀念。可惜事實真相是，許多父母選擇在家教育兒女，經常是做了錯誤的抉擇。

父母或許因為錯誤的原因，而選擇讓子女從公立學校退學。有時當孩子有紀律問題，父母就選擇退學，而不是接受校規的相關處罰。這種動機實在很難自圓其說，更何況還被當成在家自學的理由！另外，在家自學往往缺乏其他成年人的監督，假如發生家暴，也很可能不會有人注意到。我們的社會應該多關心這些兒童是否得到妥善的教育和照顧。

短文2

社群媒體自二十一世紀之初興起，普及程度日漸增加。由於廣受歡迎，越來越多兒童及青少年的使用者。研究指出，過度使用社群媒體，可能導致學習懈怠、成績下滑。社群媒體也被認為與注意力不足過動症（ADHD）等失調症狀，以及成癮行為有關，可能造成兒童面臨憂鬱、自信低落或飲食失調的風險。此外，學童和他人面對面互動的時間也因使用社群媒體而減少。缺乏互動阻礙了學童發展對未來不可或缺的溝通能力及人際關係。缺乏當面溝通也被認為與網路霸凌增加有關，這又帶來更多問題。犯罪者亦可利用社群媒體，對毫無戒心的年輕人下手。兒童若減少接觸社群媒體，這些問題大多是可避免的。家長應採取行動，控管家中孩童使用社群媒體。

短文3

我們該讓孩子玩暴力電玩嗎？暴力電玩似乎會助長孩童在現實生活中的暴力傾向。電玩對玩家在遊戲中的暴力行徑給予分數和獎勵，藉此制約玩家，使其參與虛擬的暴力行為。另一方面，玩家則受到制約，行使暴力獲得的分數、獎勵產生了快樂與成就感，因此將快樂與暴力連結。孩童若是長時間接觸暴力電玩，這種條件制約將可能滲入真實生活，影響行為舉止。研究指出，電玩遊戲使兒童玩家對暴力變得麻木，讓他們不去抗拒、避免真實生活中的暴力行為。

短文1示範回答

・有時議題很容易找到，因為它清楚地列在論點當中。然而這一篇文章並未明白點出議題，因為作者不曾提及引發辯論的問題。下一個動作應該是找出結論，這樣做會比較容易找到議題。本書告訴我們：文章內未明白提及議題時，最保險的方法就是先找結論。

・尋找提示字詞可能有助於找到結論。本書所列的提示字詞包含「**事實真相是**」，而它就出現這篇短文內。它的後方緊接著「許多父母選擇在自家教育兒女，經常是做了錯誤的抉擇」，這句話的確有可能是結論。尋求結論的另一個方法是仔細研讀開頭和結尾的句子。而這句話就出現在開頭的第一段文字內。

・本書提供了論點元素檢核表，列出不屬於結論的元素（參考第57頁線索四）。我應該查對一下，以便確定「許多父母選擇在自家教育兒女，經常是做了錯誤的抉擇」這句話，不是統計數字、例證、定義、背景資訊或其他證據。經過查核，的確不是。

・此刻，我幾乎已能確定「許多父母選擇在自家教育兒女，經常是做了錯誤的抉擇」就是結論，因為有提示字詞的暗示，字句出現的位置也加強了這種想法；同時，這個句子也不在檢核表的範圍內。

・此刻，我需要理解是什麼問題引發討論或形成了議題。如果結論是「許多父母選擇在自家教育兒女，經常是做了錯誤的抉擇」，那麼，引發討論的議題應該是「在家教育自己的兒女值得嗎？」這個議題可以從結論推導，且短文內接下來的所有句子都在討論在家自學的可能問題。

・在我做出決定前，我還想分析一下這個議題究竟是指示性或描述性議題。為了這麼做，我需要問自己：作者是在描述一種情況或提示立場，判斷某事的是非對錯、值不值得、美醜好壞？作者提出了一些在家自學的問題，並建議社會應該去了解「這些兒童是否得到妥善的教育和照顧」。這些聲明一再質疑在家自學是否是好的、值得的。因此，這個議題屬於指示性議題。

短文2示範回答

在這篇短文裡，我們找不到引導結論的提示字詞。但文章的開頭或結尾是尋找結論的最佳位置，亦即結論可能是「社群媒體自二十一世紀之初興起，普及程度日漸增加」，或者是「家長應採取行動，控管家中孩童使用社群媒體」兩者之一嗎？讓我們進一步拆解，以找出真正的結論。

作者在開頭兩句主張社群媒體普及程度日增，尤其受到兒童及青少年族群歡迎，接著提出例證，顯示社群媒體會對年輕族群有害。其次，作者宣稱若孩童減少接觸社群媒體，則他所列出的種種傷害大多可以避免。作為結尾，作者指出家長應限制家中孩童使用。

你可以運用一種策略，也就是提問：「**這個例證想支持的是哪些敘述？**」而此敘述則很可能就是結論。我們可以應用以上的問題，用「**為什麼**？」來連結可能的結論與例證。讓我們試著將文章開頭的敘述簡化，並使用此策略。「社群媒體越來越受年輕人歡迎」「**為什麼**？」「使用社群媒體可能對年輕族群有害」這個結論似乎與例證不符。事實上，文章開頭的敘述，作用在於提供背景資訊。

那麼，結尾的敘述呢？「家長應該限制家中孩童使用社群媒體」「**為什麼**？」「使用社群媒體可能對年輕族群有害」例證支持了此敘述。同時，請看倒數第二個敘述，此敘述完全呼應了結尾。作者主張，若孩童減少接觸社群媒體，則可免受其害。家長若限制家中孩童使用社群媒體，將可避免社群媒體帶來的問題。因此，家長應該限制家中孩童使用。

文中的敘述，或多或少都支持了結尾的敘述，因此可歸結出：結尾即為結論。而議題則可簡單地由結論倒推出來。結論是，沒錯，家長應該限制家中孩童使用社群媒體。議題則可能是「家長該限制家中孩童使用社群媒體嗎？」這不同於告訴我們事物的樣貌，而是針對家長是否該採取行動來提問，顯示此議題為指示性議題。

3 CHAPTER 理由是什麼？

本章學習目標

1 清楚理由與證據在論點中扮演何種角色
2 理解論點的特性
3 區分理由與結論的不同

為什麼人會做出某種決定或抱持某種意見？理由可以滿足我們想要一窺究竟的好奇心。

請看以下敘述：

（1）學生就學貸款可解釋為放款銀行的巨大利益。

（2）被蜈蚣螫傷比被蛇咬危險。

（3）比起全球政治領袖集結的力量，音樂改變世界的力量更大。

這三句話都遺漏了某些東西。我們可能同意這種說法，也可能不同意，但是以目前的文字來看，這些宣稱既不弱也不強。這些話都沒有任何解釋或基本原因，提及**為什麼**我們應該同意。因此，如果我們聽到某人講了上述任何一句話，應該會想知道更多。我們即便想決定是否同意這些敘述，也沒有基礎。

這些話都漏提了為這些宣稱負責的理由或證據。**理由**（reason）是指信念、隱喻和其他的陳述，用以支持結論或正當化結論。這些陳述為結論建立了信度的基礎。它們顯示了結論為什麼有道理的邏輯。證據是支持結論的另項基礎，協助說服聽者或讀者，你提供的理由是真實的。

第二章已告訴你找到論點中非常重要的兩個結構成分——議題和結論的準則。本章的重點則是談談如何搜尋論點中的第三項要素——理由。第七、八章著重於說明另一種用以支持強而有力結論的替代證據。這種支持有力論點的結構稱為**保證**（warrant），亦即理由與證據兩者結合的產物。

當作者提出一個希望你接受的結論時，他必須拿出結論的保證，說服你相信他是對的，並且告訴你**為什麼**。

理性的人會支持有合適證據的信念，尤其是當信念具有爭議時。比方說，當某人一口咬定，中國即將取代美國成為世界最強大的國家，這種看法一定會引來質疑：「為什麼你這麼想？」這個人提出的保證可能振振有詞，也可能軟弱無力，但在你發問並找到理由之前，不會知道他的理由是強或弱。如果答案是「因為我這麼認為」，你應該對爭論感到不滿意，因為他的「理由」只是把結論再說一遍。但如果他拿出兩個國家在國防和教育方面的支出，你在評估他的結論時，就會將此證據列入考慮。**務請記住**：在找到理由之前，沒辦法斷定結論的價值。

理由和結論的結合是我們第二章所定義的「論點」。有時論點是由單一理由和單一結論所構成，但也常出現同時提出幾項理由，以支持某個結論的情況。因此，當我們提到某個人的論點，也許是指單一的理由和相關的結論，或者指全部的理由和想證明的結論。

思辨重點！
理由是為什麼我們應該相信某特定結論的解釋或原因。

思辨重點！
證據即事實依據，可展現理由的真實性。

我們注意到論點具有以下幾個特性：

- 具有意圖。提出論點的人，想要說服我們相信某些事情，或遵循某種方式行動；也就是說，他們希望得到回應。我們可以像海綿或淘金客，但總之，必須有所反應。
- 品質良莠不齊。批判思考技巧需要確定論點的品質好壞程度。
- 具備兩個不可或缺的成分——結論和理由。無法辨識任一成分，就摧毀了評估論點的機會。我們無法評估辨識不到的東西。

最後的第三點值得加以解釋。急就章式的批判思考不具意義。事實上，哲學家路德維希・維根斯坦（Ludwig Wittgenstein）建議，當某個閃閃發光的人在發表演說或書寫時，每個人都應該說：「等等！」在評估他人可能想表達的意思之前，先花點時間找出論點何在，對提出論點的人才公平。

開始發問

確認理由的第一步，是以質問的態度看待論點。你該問的第一個問題是**為什麼**。你已經找到結論，現在想知道此結論為何有道理。要是某項陳述沒有回答**「為什麼作者或講者相信那件事？」**那麼它就不是理由。從功能面上來說，某項陳述（或者一組陳述）必須被溝通者應用於支持結論或當成結論的根據，才算是理由。

讓我們嘗試將質問的態度用於下面這段文字。先找結論，並適時地問**為什麼**。請牢記尋找結論的指示。（結論的提示字詞以左線表示。）

（1）大學教授敘薪應考量學生評鑑教師的分數嗎？

（2）教師接受了意見調查。

（3）許多教師表示學生並不清楚他們的教學方式與理念。

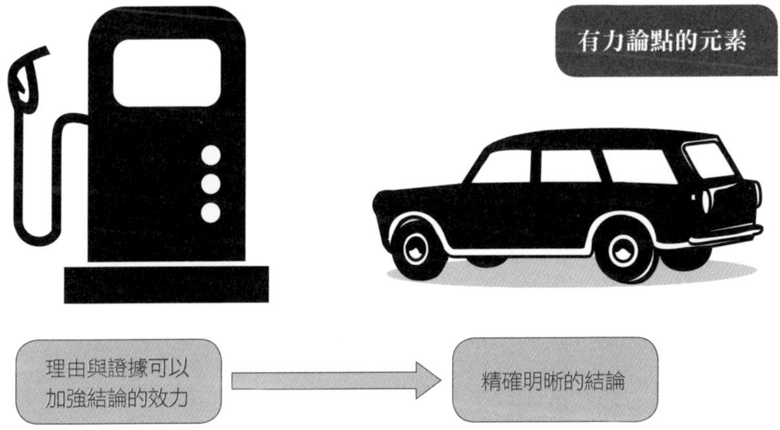
有力論點的元素
理由與證據可以
加強結論的效力
精確明晰的結論

（4）八〇％的教師擔心，透過學生評鑑分數來決定教師薪資，會危及高等教育的品質。

（5）**因此**，學生評鑑分數不該當成決定教職員工薪資的標準。

接在**因此**之後的句子回答了（1）句子所提出來的問題。可知結論就是（5）這個陳述句。「……學生評鑑分數不該當成決定教職員工薪資的標準。」**沒錯，這就是結論！**

思辨重點！
論點是由結論和支持結論的理由構成。

我們接著問這個問題：「**為什麼作者或講者相信這個結論**？」回答這個問題的陳述，就是理由。以本例來說，作者是以證據作為理由，句子（3）和（4）共同提出了證據；也就是說，這兩句合起來，就是支持結論的理由。因此我們可以把理由改寫如下：大多數教師認為，透過學生評鑑分數來決定教師薪資，會危及高等教育的品質。

現在，試著找出下段文字的理由。同樣地，先找出結論並標示成重點，然後問**為什麼**。

（1）不應該允許胚胎的遺傳篩選（genetic screening）。

（2）人類沒有權力扮演上帝，只因胚胎的性別不合期待、可能帶有缺陷，就扼殺已成形的生命。

（3）我育有兩個自閉兒，他們都很快樂。

（4）誰都無權認定新生兒未來的生活品質會深受遺傳缺陷影響。

第一段的指示詞**應該**指出了單一結論：作者反對胚胎的遺傳篩選。為什麼作者這麼主張？主要理由是「人類無權因某種偏好標準而扮演上帝，扼殺成形中的生命。」句子（3）和（4）進一步支持這個理由：講者個人育有自閉兒的經驗很正面，顯示出人的生活品質不會深受遺傳缺陷影響。

當你在確定溝通者的推論結構時，你應該將任何想法看成是支持結論的理由，即便你不相信它真的提供了支持。在養成批判思考的階段，你正在嘗試找出論點。因為你要公平對待提出論點的人，所以採取寬容原則應屬合理。如果作者或講者自認已提供支持自己結論的證據或邏輯，那麼，在進行批判思考時，我們至少應該考量他的推論。稍後，我們將花更多時間來仔細評估推論。

切記！評估推論之前，先慢下來。

確認理由的字詞

和結論相同，有些字詞通常預示理由即將出現。**請務必記住**：推論的結構是**因為那樣**，**所以這樣**。**因為**一詞，以及和它同義、功能類似的字詞，往往預示理由呼之欲出。理由的提示字詞如下：

- 由於（as a result of）
- 因為事實顯示（because of the fact that）
- 由……支持（is supported by）
- 研究報告顯示（studies show that）
- 理由是（for the reason that）
- 因為證據是（because the evidence is）

分清理由和結論

大部分的推論都相當冗長，而且組織架構不佳。有時作者用一組理由支持某個結論，再用該結論作為主要理由，去支持另一個結論。也就是說，理由可能由另一些理由來支持。面對複雜的論點，想以批判性的方法去評估文章內容時，往往很難記住結構。為了克服這個問題，不妨發展一套自己的組織程序，以井然有序的形態，釐清理由和結論之間的關係。

我們已經提過許多技巧，供你使用於發展推論結構時具有清晰圖像。如果其他技巧對你效果更好，當然多運用。總之，在你準備評估之前，一定要先分清理由和結論。找到理由之後，在你進一步閱讀或傾聽時，需要一再回頭去看看那些理由。理由的品質好壞，攸關論點之強弱。**理由弱不禁風，推論也會軟弱無力**。

先有理由，再有結論

第一章已提醒各位注意弱義批判思考的危險。當你注意到他們創造了某種理由（甚至當場提出），似乎是為了辯護先前持有的意見時，就要提高警覺，因為那可能是弱義批判思考的警訊。當某人急於將意見當作結論和別人分享，在被問到理由為何，卻一臉茫然或惱羞成怒時，弱義批判思考是可能的原因。

管理式推論意指先決定好結論的論點。因此，理由與證據都是經過精挑細選，以求發揮最大功用。這裡的功用並非為了確認真實性而提出強而有力的保證，而是有助於讓閱聽人在心中自行腦補故事，並逐漸信服你先設計好的結論。提到管理式推論，可以試著想像有人抱著堅不可摧的結論，前去賣場選購適合的理由與證據，這麼做將會擴大偏好他結論的目標客戶數目。

辯護律師是幫助了解管理式推論的好例子。當委託人走進法律事務所大門之後，律師隨即獲得客戶要求證明並達成的結論。一旦律師與委託人正式合作，律師的職責便是為委託人做出最有力的辯護。與上述恰好相反的場景是，科學家對實驗結果或許有預感，因而採取某些舉動，然而科學家最終做出的結論一定會遵循此規則：理由與證據優先，結論次之。

在此考量之下，請做好自己的監督者。我們都知道人都有太快下結論的傾向。請盡可能避免反向邏輯（reverse logic）或反向推論（backward reasoning），亦即理由是依據事先選好的結論，後來才加上去的後見之明（afterthought）。最理想的狀況應該是，理由與證據是用來形塑與優化結論的工具。

管理式推論

我自有結論，現在需要找理由來佐證。

不論書寫或說話，我們都需要藉由自己得出的結論來處理議題。我們都樂見別人分享，或者至少能思考結論中蘊含的智慧。

下筆或發言之前，我們都想定義議題：我們探討的究竟是何種問題？且為了回答該問題，我們都會提前提供一個暫時的結論。這聽起來很容易吧：找到問題並回答出來！不過讀到這裡的你，即使知道事實沒那麼簡單，應該也不會感到驚訝。

寫作與口說的好問題與結論，應具備何種條件？

- 訊息清楚、可引發興趣的問題
- 目標明確的結論
- 由令大眾信服的理由與證據所支持的結論
- 可解決問題的結論
- 結論放在讀者或觀眾容易找到的地方

許許多多學生、作者或講者，花在釐清議題的時間太少，不過這是他們甘冒風險。我們會提出模糊不清、雜亂無章的結論，通常都是因為沒有認清希望回答的問題為何。當我們面對的不是以問題狀態提供的書寫或口頭報告時，重新組織成一個提問比較好。把議題想成是對你的提問，就能朝目標集中火力，讓讀者或觀眾明瞭：促使你發聲的是些特定問題，而不是其他議題。

假設我們收到這個指示：「請以〈你最愛的電玩〉為題，寫一篇文章」，我們傾向去形容、分析、歸納並評價某個電玩。但結果是讓讀者或聽者摸不著邊際，難以掌握我們想說的重點。建議各位可以這麼做：將指示轉換成一個清楚明確的問題，例如「我最愛的《魔獸世界》（World of Warcraft）何以成為傑出的遊戲？」明確的提問可引領我們做出明確的結論，並做出更為聚焦、緊扣主題的論點。很多時候，我們之所以寫出模稜兩可、不知所云的文章，都是因為不了解欲表達的議題。從清楚表達議題開始，對建立明確的結論很有幫助。

其次，議題本身必須能觸動讀者或觀眾的心弦。比方說，你可能對玩魔獸需要達到什麼級數才能復活感到興致盎然，但讀者卻覺得興味索然（更別提沒玩魔獸的人對此提問根本狀況外！）。作者的職責之一是，找出閱聽眾感興趣的議題，或者想辦法包裝題目、達到足以吸引各種讀者的程度（這則更難）。

第三，一旦決定了我們希望論證的結論之後，就要確認其是否符合以下條件：聚焦、清楚表述、容易辨識。讀者或觀眾應該都要能輕鬆辨認出我們的主旨（thesis）（另個字詞是「結論」）。我們在大學讀到的許多論文都隱含結論。不過，若是剛開始學習寫作或口語技巧的人，在絕大多數情況下最好能明確地表達結論。提示字詞（indicator words，可參考第56頁）不僅是彰顯結論的好幫手，也有助於讓讀者找出理由與支持論點。許多學生腦中都很清楚自己想要傳達的結論，但對讀者或觀眾而言，作者或講者並不總能將腦中的想法化為清楚好懂的文字或言語。因此，審稿很重要。請人看看你寫的文章或講稿，確認他們容易辨識出你想表達什麼論點、可否順利找到結論在哪裡。

第四，針對議題的回應以及結論，請勿只是單純答覆你所提出的問題，最好能提出有力的理由與證據，足以支持你所提的結論。針對前述問題，或許可提出此結論：《魔獸世界》的玩家只要升到五到十級就能復活。但現在，我們不能只顧個人意見，而是要增加理由與證據來說明我們為何有此感受。而且，理由或證據千萬不能出於我喜歡或我很懂。想受人信賴，就要拿出最有說服力的理據。

請記住，讀者或觀眾只能根據我們說、寫的內容，來評估結論好壞或可不可信。讀者和聽著不可能知道我們思考的過程，即使有人問出我們到底想表達什麼，也無從知道我們可能提供何種解釋。因此，務必打從一開始就在演講或文章中清楚呈現支持的理由。那也是我們可以爭取讀者目光的唯一時機。

欲清楚明晰表達，需包含以下過程：

一、提示字詞

二、經仔細研究與目標明確的主題

三、清楚支持結論的理由

四、文章架構嚴謹

所以，作為一個書寫者或講者，我們要怎麼整合出完整的論點結構呢？

首先，先確認我們可以言之有物的討論某主題，而且表達此主題也足以符合交辦作業的要求。想檢視我們是否有足夠的知識，可在開始之前先做點跟主題有關的腦力激盪或自由書寫。此步驟有助於我們深入思考議題，而不只提出腦中浮現的最初想法而已。對於某主題有強烈的看法，不代表就能寫出好論點。請牢記於心，論點、出色論點，需要有力的理由與證據。

第二，我們可以進行研究。事實上，我們猶豫是否要使用語意強烈的字詞，但在此處使用頗為適合，我們**必須**進行研究。一旦找到好議題也決定了結論，就該仔細檢視結論的證據與支持論點。自認知識完備、可跳過研究步驟，這麼做當然令人心動，但很少人是書寫那主題的專家。再說，根據許多實際案例看來，我們對某個主題的想法都不是經過推論而來。因此，只要找不到有力的理由或找到的理由很薄弱、引自某個默默無名的部落格等，意味著我們得回到議題本身，另行發展出一個不同的結論。

只要確定好議題並找到可支持結論的強大理由，接著就是建立組織良好的架構。這可讓讀者確實得知結論，也能充分發揮理由的功能。切記，論文主要是由支持結論的理由與證據所構成。如果缺乏好又強大的理由支撐論點，如果組織結構沒有邏輯，不但發展文章或講稿的過程將困難重重，也無法獲得讀者或觀眾的認同。

建立論文或講稿架構的方法很多，以下舉出對你有幫助的基本規則：

一、在序言透過提示字詞來帶出主旨，**並**在文章的結論（末段）重申主旨，用字稍微重複亦可。

二、確認針對每個理由都能答出「為什麼」。切記，先前提過讀者都該問自己這個問題：「**為什麼作者或講者會相信○○？**」當你是作者或講者，就能提出關於作品的疑問：「**我為什麼相信自己的主旨？**」無法回答此問題的理由應當棄而不用，或是需要將不佳的理由發展得更為完善，以便回答問題。

三、以提示字詞來導出理由與證據（參見第70頁）。

好好思考論點的骨架：議題、結論與理由。骨架越強，論點越佳。

第二問：理由是什麼？

請先看過各篇短文，把結論標示出來，然後問「為什麼」，並且確定理由在哪裡。利用提示字詞幫助你分清結論和理由，並設法用你自己的話來重寫理由。這樣做可以幫助你更清楚了解它們的意思和功能。

短文1

暢銷女性雜誌會導致社會對女性外貌產生不切實際的期待。幾乎所有登上雜誌封面的照片都經過後製，透過調整燈光和身體比例，使照片中的女性看起來更有魅力。研究報告顯示，女性若想效法雜誌封面所呈現的某些身體特徵，只是徒勞無功，因為這些特徵皆由電腦加工而成。我們在雜誌封面所見的「美貌」，並非貨真價實，而是人工打造。

短文2

由於取得大學學位所需的費用節節高漲，是否該進入大學就讀也引發爭論。讀大學值不值得？取得學位仍有其優勢。

首先，越來越多工作要求應徵者具備大學學歷。這不僅代表沒有大學文憑將限縮個人的就業選擇，也代表條件符合的應徵者，在雇主篩選時，會被列為優先考慮人選。

再者，要求大學文憑的工作，薪資也往往高於平均。和僅有高中學歷相比，所獲報酬更能提升生活水準，也有助於減輕就讀大學的花費所造成的壓力。顯然，進入大學是能保障未來的好選擇。

短文3

各地中學的週五晚上幾乎都排滿了男子籃球和橄欖球比賽。這種現象正常嗎？不該改變嗎？沒錯，這些活動是中學生活裡很有意義的經驗，但是犧牲了其他球類活動的權益，似乎說不太過去。不能只因為這是傳統，就持續。

星期五晚上對大多數父母和球迷都比較方便，也因此，他們都會來看男子籃球和橄欖球比賽。

可是女生組的籃球賽和游泳比賽呢？這些比賽不該永遠排在週一到週四的下午和晚上。因為大多數的家長下午時間都在工作，所以她們的家人經常無法抽空來觀賽，這導致參與這類「二等」運動的學生得不到更多矚目，這豈不是另外一種不公平待遇？球賽排程應該做一些改變，以便容納其他的運動比賽了。

短文1示範回答

議題：女性雜誌會導致社會對女性外貌產生不切實際的期待嗎？

結論：是的，會。

支持理由：

我們在雜誌封面上看到的美女，並不真實，而是由電腦加工的人工美女所取代。

a. 登上雜誌封面的女性照片都經過後製，調整燈光和身體比例，使照片中的女性看起來更有魅力。

b. 女性若想效法雜誌封面所呈現的某些身體特徵，只是徒勞無功，因為這些特徵都由電腦加工而成。

記住，我們要找的是結論的支持系統。

我們要自問：為什麼這個人聲稱「女性雜誌會導致社會對女性外貌產生不切實際的期待」？其結論獲得兩個理由支持：其一，作者主張雜誌封面的女性照片都經過後製，調整了燈光和身體比例；其二，女性若想效法這些經由電腦美化的身體特徵，只是徒勞無功。

分析以上支持結論的理由，可知「**研究報告顯示**」為指示字詞。

短文2示範回答

議題：是否仍應進入大學就讀？

結論：是的，應該讀大學。

理由：大學學歷有助於保障就業。

支持理由：

a. 越來越多工作要求應徵者具備大學學歷。符合條件者將從應徵者中脫穎而出。

b. 要求大學文憑的工作，薪資也往往較高。

1. 更高的報酬能提升生活水準。
2. 更高的報酬有助於減輕就讀大學成本所造成的壓力。

為什麼作者主張應進入大學就讀？這個問題的答案，就是作者的理由。第一個理由受到文中的主張支持，亦即「越來越多工作要求應徵者具備大學學歷」，並以此闡明「大學文憑有助於找到工作」。「**再者**」是這裡的提示字詞，將我們的注意力引向第二個理由。請注意：我們在一定程度內設法用自己的話來改寫這些重大理由。或許你已發覺，理由越長或越複雜，改寫的功用就越大，讓你能更精準掌握理由的內涵。

4 CHAPTER 有無曖昧不明的語言？

本章學習目標

1 認知大多數文字和語言都具有多重意涵
2 提供具體例子，說明語言背後的意涵比批判評斷更為重要
3 顯示如何解釋需要闡明的文字曖昧性

本書第二章與第三章幫助你確認任何訊息的基本結構要素。此時此刻，如果你能找到作者或講者的結論和理由，就表示你正快速邁向最後的目標：形成自己的理性決定。接下來，就是把這幅結構畫面調整得更清晰。

雖然確認結論和理由能讓你看清楚基本結構，但還是需要檢視它們的準確**意義**，才能對作者或講者所提的觀念，產生適當的反應。現在，你必須花更多精神，注意遣詞用字的細節。

確認關鍵字詞或措辭的準確意義，是決定要不要同意某人意見的基本步驟。如果沒有探討重要語彙和措辭的意義，很可能因此錯誤反應作者沒有主張的意見。

以下將說明，為什麼了解溝通者遣詞用字的意義那麼重要。

> 近來一份大學教練的數據紀錄顯示，經驗越豐富的教練，校隊比賽獲勝的機率越高。教練們多年的棒球經驗，顯然變成帶隊知識，引領球隊邁向成功。

請注意，在了解更多作者心中的經驗之前，我們實在很難對這段論點發表什麼感想。作者是指多年打棒球的經驗嗎？這名教練帶隊參加過多少比賽？參加賽事的層級為何、有多久經驗？在我們對作者所提的「經驗」造就多少勝仗有更多的認識之前，無法發表任何想法或評論。

這個例子說明了一個要點：除非你了解重要語彙和措辭的意義（明示或暗示），否則無法對某項論點有所反應。如何解釋這些語彙或措辭，往往影響推論的可接受度。因此，在你能夠決定接受某項結論或另一項結論的程度之前，必須嘗試先發掘結論和理由的確切意義。雖然它們的意義通常**看起來**很明顯，但事實往往並非如此。

發掘和釐清意義，需要運用我們的覺察、按部就班去做。本章建議了一套流程，將重點聚焦於下列問題。

彈性容易產生混淆

我們的語言相當複雜。如果一個字只有一種大家都同意的意義，就比較容易有效的溝通，但是一個論點中底下的許多字詞都有一種以上的意義。

考量自由（freedom）、下流（obscenity）、快樂（happiness）等字詞的多種意義，在確定某項論點的價值有這麼多的意義時，可能製造嚴重的問題。比方說，當某人主張某份雜誌因內容太過下流而不應該出刊時，除非你了解作者所說的下流是什麼意思，否則無法評估論點的對錯。從這段簡短的論點中，很容易找到結論和支持理由，但是推論的品質難以論斷，因為作者含糊不清地用了下流一詞。警告：**我們經常誤解別人的所讀所說，因為我們假設話**

語的意義是顯而易見的。

每當你在閱讀和傾聽時，務必要找出**曖昧不明**的字詞；如果不這麼做，你可能根本不曉得對方說、寫什麼重點。在我們檢視的論點脈絡中，若有字詞或措辭的意義模稜兩可、難以確定時，就需要進一步釐清，才能判斷推論是否妥當。

人們的遣詞用字含糊不清，不見得有任何不公平或不當的意圖。事實上，許多文件為了實際的需求，譬如《憲法》，就故意留下模糊的空間，容許某些關鍵字詞意思之改變，像「自由」和「從軍」。的確，就因為溝通時我們仰賴文字來解釋清楚自己的觀點，所以含糊不清在所難免。但論點可能也應該避免含糊不清。當某人設法說服我們相信或做某事時，這個人就有責任澄清任何可能的模糊處，如此，我們才能考慮其推論的價值。

找出關鍵語彙和措辭

要找出曖昧不明的語彙或措辭的第一步，是以對方描述的議題為線索，去尋找可能的關鍵詞彙。關鍵語彙或措辭是指在議題的脈絡中，或許有一個以上意義的詞彙；也就是說，你必須先釐清詞彙的意義，才能決定是否同意或不同意溝通者。為了說明在議題中出現的專用術語意義的潛在好處，我們來談兩個被廣泛討論的議題：

一、高收入者比較快樂嗎？

二、實境節目打造出來的生活，是否會誤導大眾？

思辨重點！

曖昧不明是指字詞或措辭有多種可能的意義存在。

以上每個議題的作者或講者都必須先釐清某些措辭之後，你才能評估他們對議題的回饋。下列措辭的意思都可能含糊不清：「高收入」、「快樂」、「誤導大眾」等。因此，在你閱讀針對這些議題發表的文章時，必須非常注意作者如何定義這些詞彙。

確定曖昧不明語彙或措辭的下一步，是找出哪些字詞或措辭，似乎對決定支持作者的結論很重要；也就是說，務必找出推論結構中的**關鍵**詞彙。一旦找到這些詞彙，就可以確定其意義是否曖昧不明。

尋找關鍵語彙和措辭時，要把尋找的理由放在心上。因為有人想要你接受某個結論，因此，只要找到會影響你是否接受結論的語彙或措辭就可以。所以，**請在理由和結論中找**。凡是不在基本推論結構中的語彙和措辭，就可以排除。

另一個尋找關鍵語彙和措辭的實用建議，是把下述原則牢記在心：**越是抽象的字詞或措**

辭，**越有可能出現多種解釋**。

為了避免在此所使用的**抽象**一詞語義不明，我們將之定義為：一個詞彙指涉的狀況越是不特別、不明確，就越抽象。因此，平等（equality）、責任（responsibility）、色情照片（pornography）、侵略（aggression）等字詞，和「平等取得生活必需品」、「直接造成某種事件」、「呈現男性和女性生殖器官的照片」、「故意傷害他人身體」等措辭比起來，顯得抽象許多。後面這些措辭提供較為具體的畫面，意思比較清楚明白。

你也可以用**角色互換**（reverse role-play），確認曖昧不明的重要措辭。也就是問自己：**如果你抱持和作者相反的立場，是否可以用不同的方式去詮釋某些語彙或措辭？**如果可以這麼做，你便已經找到可能曖昧不明的詞彙。比方說，愛看狗狗娛樂節目的人，對於「虐待動物」的定義，與將那類節目視為罔顧動物權益的人大不相同。

檢查曖昧不明之處

你已經知道如何尋找曖昧不明的語彙或措辭。接下來，是專注於每個語彙或措辭，並自問：「**我了解它的意思嗎？**」回答這個非常重要的問題時，你必須克服幾個大障礙。

其一，以為你和作者想的是同一件事。因此，在你開始尋找時，必須避免使用讀心術。

你需要養成問：「**你這麼說是什麼意思？**」的習慣，而不是：「我懂你的意思。」第二個障礙，是以為詞彙只有單一、明顯的定義。許多詞彙並非如此。因此，一定要問：「**任何字詞或措辭是不是可能有不同的意義？**」

以下的測試，可用來確保你已經找到特別重要、但語義不明的詞彙。如果你能用兩個或更多不同的意義去表達某個詞彙，每個意義在論點的脈絡中都說得通，但理由支持結論的力度，會受不同的意義影響，那麼你已經找到一個重要的曖昧不明詞彙。所以，要確定你是否已經找到重要的曖昧不明詞彙，其中一個好方法就是用不同的意義**代入**推論結構，且觀察**意義改變之後**，理由支持結論的力度是否有所不同。

上述段落值得你特別留意，因為我們已詳細說明了處理語義的曖昧不明時，將此批判性

確定關鍵詞彙位置的線索：

1. 回頭看議題，尋找可能的關鍵詞彙。
2. 在理由和結論中，尋找重要的字詞或措辭。
3. 留意抽象的字詞和措辭。
4. 利用角色互換法，來確定別人可能用哪些不同的方式定義字詞和措辭。

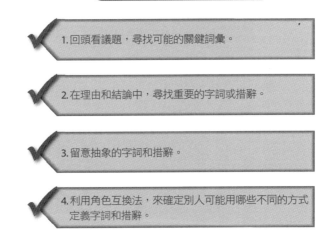

問題放入此套方法中。只要遵照這套方法，就能向自己或任何人證明推論需要再加強的理由。就算你很想相信對方所言，但身為批判思考者，你就是不行同意對方的推論，除非影響推論的曖昧不明語義得到澄清。

確認是否語義不清

現在讓我們運用以上建議的線索，幫助自己確定溝通者使用的哪些關鍵詞彙，說明得還不夠清楚。**務請記住**：做這個練習的時候，要不斷提問：「**作者這麼表達是什麼意思？**」並且特別注意抽象詞彙。

我們先從一個簡單的推論結構談起：廣告。

我牌安眠藥：藥效強大，三十分鐘見效。

議題：你應該買哪種安眠藥？
結論：（暗示）買我牌安眠藥。
理由：藥效強大，三十分鐘見效。

「買我牌安眠藥」和「三十分鐘見效」兩處措辭似乎相當具體、不言而喻。但是「藥效強大」呢？它的意思清楚嗎？我們不認為如此。為什麼這麼說？我們來做個測試。「藥效強大」有一個以上的意義嗎？沒錯。它可能代表這種藥會讓你昏昏欲睡，也可能代表會讓你完全失去意識，甚至隔天早上都起不了床。又或者，它可能還有其他更多種不同的含義。如果安眠藥藥效強大，也就是正如你所希望的發揮功效，你會不會更急著按照廣告上的建議？因此，含糊籠統很重要，因為它影響了你可能信服廣告的程度。

廣告經常充滿曖昧不明的字詞。廣告主總是刻意以含混不清的詞彙，企圖說服你相信他們的產品優於競爭對手。以下是一些廣告詞曖昧不明的例子。請試著找到畫線字詞或措辭的各種可能意義：

> 無痛是超強止痛藥。
>
> 終於有本書告訴我們如何覓得和留住好朋友。

以上每句廣告詞，廣告主都希望你把最具魅力的意義，賦予那些曖昧不明的字詞。批判性閱讀可以保護你，不做出日後懊悔的購買決定。

現在來看一個比較複雜的語義不明例子。請記住，要先找到議題、結論和理由。千萬不要對任何語義不明的字詞照單全收。對批判思考者而言，重要的是**推論**過程中的語義不明。

> 我們必須限制曬黑，因為它會帶來極大的健康風險且引發嚴重的後果。研究指出，曬黑的人，罹患皮膚病的機率比一般人高出許多。

我們檢視推論過程，尋找可能影響我們願意接受的任何字詞或措辭。

首先，審視議題中希望作者釐清的詞彙。當然，除非作者指出曬黑是什麼意思，否則我們無法同意或不同意他的結論。作者所謂的曬黑是指在戶外做日光浴，還是借助日曬機人工曬黑？從而，我們會想要確認對方推論時的定義是否清楚。

其次，我們列出結論和理由中所有的關鍵語彙和措辭：「健康風險」、「引發嚴重的後果」、「研究指出」、「幾份研究報告」、「曬黑的人罹病機率高」、「皮膚病」、「我們必須限制曬黑」。讓我們更仔細釐清這些詞彙，了解是否有其他不同的意義，可能影響我們對推論的反應。

首先，作者下的結論曖昧不明。「我們必須限制曬黑」，到底是什麼意思？這是不是表示應該立法禁止使用日曬機設備，或只是限定使用時間？在你能夠決定是否同意講者或作者之前，必須先確定他到底要我們相信什麼。

其次，作者表示「曬黑的人罹患皮膚病的機率比較高」。我們已經提過，並不清楚他所說的「曬黑的人」代表什麼意思？至於「皮膚病」，作者指的是日曬所帶來的許多發炎、過敏和紅腫病症，或更嚴重的皮膚癌？如果作者想說服你相信曬黑的危險和應該限制使用的結論，就有必要把內容說得更清楚明白。試著將這些措辭在心裡再現出一幅畫面。如果你做不到，就表示這些措辭語義不清。要是不同的畫面會使你對理由產生不同的反應，那麼你已經找到曖昧不明的重要詞彙了。

現在，再來檢查上面所列的其他措辭，這些也不需要加以澄清嗎？如果你接受作者的論點，卻不要求他釐清曖昧不明的措辭，那麼你根本不了解自己到底同意了什麼事。

脈絡與模稜兩可

作者和講者很少定義他們使用的詞彙。因此，要弄懂語義不明的陳述到底是什麼意思，通常只能從字詞所處的脈絡去推斷。所謂**脈絡**（context），是指作者或講者的背景、在特定爭議中慣用的用字遣詞、語義不明處前後的字詞與陳述。這三個要素提供了線索，讓我們有機會了解潛在關鍵語彙或措辭的意義。

要是在一篇文章中看到人權（human rights）一詞，你應該馬上問自己：「**這指的是哪些權利？**」如果你檢視脈絡，發現作者是挪威政府首長，那麼大可判斷，他心裡所想的人權，是指受雇、接受免費醫療、取得合適居所的權利。美國參議員所說的人權，卻可能和他大不相同。他心裡想的，可能是言論、宗教、遷徙與和平集會的自由。請注意這兩種人權版本不見得一致。一個國家可能保障某種形式的人權，卻同時違背另一種。你必須設法透過檢視脈絡，以釐清這類詞彙的意義。

透過批判性提問聚焦在曖昧不明，可以讓你站在公正的基礎上，不同意作者所做的推論。如果你和試圖說服你的人，對於推論中的關鍵詞彙，使用不同的意義，那麼你必須先解決雙方的歧見，才能考慮是否接受作者的推論。

仔細檢視脈絡，以確定關鍵語彙和措辭的意義。如果意義仍不明確，那麼你已經找到語義不明的重要詞彙。若意義很明確，而你並不同意，那麼對於用到這些語彙或措辭的任何推論，你應該審慎考慮是否接受。

曖昧不明、定義與辭典

從前面的討論可以清楚看出，要確認和釐清曖昧不明之處，你必須留意字詞的各種可能意義。意義通常以三種形式呈現：同義、例證，以及所謂的「依特定標準定義」。比方說，焦慮的定義至少有三種：

一、焦慮是指感到緊張（**同義**）。

二、焦慮是指候選人打開電視，收看選舉結果時表現出來的情緒（**例證**）。

三、焦慮是一種主觀的不安情緒，伴隨著自律神經系統的敏感性增強（**特定標準**）。

以批判性的態度，評估大部分的爭論性議題時，同義和例證並不適用。它們無法告訴你明確的特質，而這對了解曖昧不明詞彙很重要。有用的定義是明白指出使用的標準，且越明確越好。

要到哪裡找定義？線上辭典顯然是很重要的來源。但是辭典的定義往往由同義、例證，或不完整的特定標準規範所構成。這些定義通常沒有適當地定出在特定文章中的詞彙用法。遇到這種情況，你必須從脈絡的段落，或者談這個主題的其他地方，探索可能的意義。

我們來談談辭典中不適當的定義，請看以下的短文：

> 這所大學的教育品質並沒有下滑。在我的訪談出，發現絕大部分學生和講師都不認為這裡的教育品質有下滑跡象。

這段文字中，了解教育品質（quality of education）的意義，顯然很重要。如果你在辭典中查尋品質（quality），會發現有許多意義。就這段文字的脈絡來說，最適當的意義應該是卓越（excellence）或優異（superiority）。卓越和優異雖是品質的同義詞，但也一樣抽象。

你還是需要確切知道卓越或優異的意義。你如何知道教育品質是高或優異？理想上，你當然希望作者告訴你，他用到教育品質一詞時，是指什麼行為。你能想到可以用不同的方式來定義這個詞彙嗎？以下列出一些可能的定義：

- 學生的平均成績
- 學生的批判思考能力
- 擁有博士學位的教授人數
- 通過考試通常需要花費的心力

這每個定義都建議了不同的品質衡量方式、指出了不同的標準，也都提供使用這個詞彙的具體方式。請注意，每一個定義都會影響你對作者推論的接納程度。比方說，如果你相信「品質」應該是指學生的批判思考能力，而受訪的大部分學生卻定義為通過考試需要花費的心力，那麼作者的理由**不必然**支持他的結論。考試可能不需要用到批判思考能力。

因此，在辭典裡找不到許多論點的合適定義，而脈絡也可能沒有釐清意義。要發掘其他的可能意義，方法之一是在心中描繪一幅再現詞彙圖像。要是你辦不到，那麼你可能已經找到一個曖昧不明的重要詞彙。讓我們把這種方法運用到下述的例子：

我們公司有許多愉快勝任的員工。如果你加入本公司的行列，除了我們討論過的薪水以外，當然還有額外福利。我希望在你決定到哪家公司上班之前，會慎重考慮一切因素。

這段論點很明顯是想說服某人到自己的公司來上班。作者所提出的理由是薪水和額外福利。你能在心中清楚描繪一幅額外福利的圖像嗎？對於所謂的額外福利，每個人都有某種概念，但我們的概念不可能一模一樣，甚至可能相當不同。額外福利是指醫療健康保險或新的個人單間辦公室？要評估這段論點，必須更清楚認識作者所說的額外福利到底是什麼意思。因此，我們已經找到一個語義不明的重要詞彙。

釐清語義不明的責任歸屬

在找出和釐清曖昧不明的語義之後，如果仍不確定若干關鍵觀念的意義，你下一步的合理作為為何？我們建議你，忽視任何無法讓你判斷可信度的語義不明理由。身為主動積極的傾聽者，你有責任提出問題，釐清曖昧不明的語義。但你的責任僅止於此。想要說服你相信某件事情的是作者或講者。既然他扮演的角色是說服者，就必須在你覺得語義含糊不清時有所回應。

你不必回應不清不楚的觀念或選擇。如果有位朋友告訴你，應該選修某個課程，因為這個課程「真的不同凡響」，卻沒說清楚到底有什麼不同，那麼你就沒有理由同意或拒絕他的建議。一個人如果不能把推論過程說清楚，就無權要別人相信他。

你花了數週時間找資料，準備寫一份關於校園強暴案件逐漸減少的報告。你已在文中引用許多知名論文來支持你的論點，你對於報告品質相當滿意。然而，教授打了D，並寫了如下評語：「有許多證據顯示你的結論有誤，請重寫。」你會大哭、揉掉報告後，重寫一份嗎？還是會去找教授澄清，向教授傳達你的研究和理由？若你真的去找教授理論報告分數，可能會發現原來問題在於，你和教授對於強暴的定義不同。你的報告專談「約會強暴」（date rape），但教授想看到的是各種形式的強暴或「陌生人強暴」（stranger rape）。因此，若你能在報告中小心定義並界定詞彙，就不用承受拿D的壓力和忿忿不平了。

上一章的〈批判思考者如何說、怎麼寫？〉專欄，我們談到如何清楚建構論點的重要性，此章則將重點擺在釐清用字遣詞、組織文句。如果我們書寫、口說時不清楚、不精確，就無法期待讀者做出有效的回應。作者或講者必須將自己的意思，流暢正確地傳達給受眾知道。

作者或講者總以為自己說清楚、講明白了，殊不知目標受眾感受到的、極可能與我們真正的意思大相徑庭。字的含義博大精深。你使用的每一個字，都要以能打動受眾、觸發想像力為目標。

因此，我們的工作是將內心想的，表達傳達到受眾心中。就剛才的報告案例來說，只要你能事先與教授討論自己特別想做的約會強暴主題，就能達成共識並少走冤枉路了。在完成論點前，深思熟慮使用的詞彙，不僅能讓讀者或聽者更清楚，也讓我們自己更明瞭。

若不想讓曖昧不明的字詞破壞雙向溝通，可試試以下方法：

1. 找出議題與結論中的關鍵字詞，給予明確的定義／解釋。
2. 找出理由中的關鍵字詞，給予明確的定義／解釋。
3. 知道核心論點中有何抽象字詞，越抽象的字，越需要妥善說明。
4. 自問「持反對意見的人為了捍衛自身論點，會怎麼定義關鍵字詞？與我的定義有何不同？」

第一步是觀察並找出議題與結論中，任何具有多元意涵、可能曖昧不明的字詞。

現在來看看下列議題（問題）與結論：

1. 自駕車侵犯了個人隱私嗎？
2. 「我說 yes 才行」政策實施之後，可以減少約會強暴發生嗎？
3. 擁有更多選擇會增加人民的幸福感嗎？

必須先釐清上述句子或問題中曖昧不明的字詞，我們才能確保讀者或聽者能真正了解我們的論點。請花點時間試試你能否找出問題字眼。

曖昧不明的字詞包括：「個人隱私」、「約會強暴」、「『我説 yes 才行』政策」、「更多」與「幸福感」。為了寫出清楚易懂的論點，以及為了避免曖昧不明的關鍵字回頭被當成批評的基礎（如本節開頭的例子），我們必須賦予上述字詞清楚明晰的定義，因為它們位居結論的核心角色。

現在來看第一個例子「自駕車侵犯了個人隱私嗎？」看到此問題時，提問：「什麼是個人隱私？」一九二三年，美國最高法院大法官路易斯・布蘭迪斯（Louis Brandeis）對「隱私權」所下之定義是：「不受干擾的權利」（our right to be let alone）。有些人認為此定義太廣泛，他們認為應將「隱私權」細分為兩類：身體隱私（physical privacy）與資訊隱私（information privacy）；也有人表示隱私權指的是《美國憲法第四條修正案》（The Fourth Amendment）：保障個人權利不受政府與其代表侵犯個人隱私權所造成的可能影響。況且，做過研究的人就會知道，在眾多敘述中，這只是其中三種可以定義「隱私權」的方式。身為作者或講者，就是需要在建構論點之前，為結論中的隱私權下明確的定義。千萬不能抱著受眾會讀心或定義本來就很清楚的馬虎心態，而略過此步驟。

只要我們在結論中確定關鍵字詞的定義，就必須在理由中辨識任何曖昧不明或抽象的字詞。比方說，假如我主張自駕車侵犯個人隱私的原因，在於個人資料（簡稱「個資」）共享。我們會注意到在理由中的「個資」一詞相當模糊。請思考各種可能的定義，例如：姓名、地址、駕照號碼、男友姓名、出生日期、行車速度、踩煞車頻率、最愛的顏色、手機號碼……此清單可以無限延伸。再者，我們真會為了每種個資都應受到保護而據理力爭嗎？想當然爾，如果你的結論是誓死捍衛所有個資，實務上獲得支持的可能性極低，因為我們很常無償提供姓名、地址，甚至是出生年月日。請換個角度想，我們該決定的是什麼個資值得保護，並且清楚讓閱聽眾知道。

現在，你可能心想：這樣不就整篇論文滿滿都是定義了嗎？我們不就沒空間做任何事了。事實上，闡明語言的同時，也需要提供看法與意見，不可過於拘泥於定義所有關鍵字詞（結果會寫得又臭又長）。常見的方法是透過論點本身來闡明意義。例如，若你認為選擇增加反而會減少幸福感，可能會建構以下論點。

> 當我們減少人們的選擇，幸福感呈現下滑態勢。進行測量腦內啡（endorphin）分泌的實驗時，分別給予受試者一個、五個、十個選項，結果顯示選擇增加時，大腦的腦內啡分泌量就會減少。

如你所見，在論點結構中，這個論點定義了幸福感。然而，我們必須留心此明確定義必須始終如一、貫串全文。我們不行在其他理由中，開始討論自述的開心就像幸福感的尺度。我們改變使用幸福感一詞會造成讀者混淆，以及給讀者理由反對結論。關鍵字「幸福感」的定義如果變來變去，不但會造成讀者困惑，也讓他人可趁機挑戰此論點的正當性。

請謹記，只要定義論點核心中的字詞和曖昧抽象字詞就好，不用逐字逐句解釋。

在找出所有曖昧不明的內容後，為免有漏網之魚，還有兩個驗證方式。一是請別人閱讀你寫好的內容，最好是對主題不熟的人和（或）你所鎖定的受眾，請他們指出看不懂的地方。由於第三方讀者（outside reader）對我們論點的主題完全不熟，因此是找出曖昧不明關鍵字詞的最佳人選。

最後，人們很容易對定義和解釋的過程感到無聊乏味。請將此不停查找與引用字典的活動任務，看成釐清個人思考的好機會。在結論脈絡之下，確認用字遣詞的意思，也經常可一併優化自己的思考方式，長遠來看，有助於寫出更具反身性的論點。

第三問：有無曖昧不清的語言？

請在下面各篇文章中，找出語義曖昧不明的例子。試著說明為什麼這些例子不利於推論。

短文1

學校的衣著規範（dress code）是用來限制不適當的服裝，以協助維持專注的學習環境。假如有同學穿著不合宜，其他學生可能受影響而分心。在上學期間遵守衣著規範並未妨礙言論表達自由。不像硬性規定的制服，衣著規範仍然允許學生自由選擇衣著，只要穿著不被認定有失妥當。

短文2

平板電腦應取代義務教育（K-12 schools）使用的課本。倡議者主張，使用平板電腦既節省經費和時間、也較不占空間。舉例而言，平板電腦的花費低於教科書，同時因降低印刷和紙張消耗量，對環境有正面的影響。此外，於加州完成的一項研究指出，使用互動式平板電腦的學生在標準化測驗中取得的成績，大幅領先使用紙本教科書的學生。

短文3

政府在醫療保健方面支出過高。政府應持續補助有需要的族群，但不該對所有人一視同仁。刪減醫療保健經費將使稅額降低，增進國民的消費力。就美國經濟的現況而言，任何替國民節省開銷的措施，都有益於未來發展。

在短文1的示範回答裡，我們仍示範本章和前兩章所教導的自問自答式批判性思想過程。

短文1示範回答

- 假如文章裡有任何明顯語義含糊的地方，作者提醒我們，可在議題、結論或理由裡找到。因此，我的第一步將是從這些論點中去尋求。看起來，議題和結論都不明顯，也沒有指示性字詞出現。我只好使用其他工具來鑑別議題和結論。要找出議題，本書也建議我問：「**作者想說什麼？**」我猜是衣著規範。它是好主意嗎？好吧，那麼，我就將這個想法寫成問題：「學校應該制定衣著規範嗎？」在這個段落裡，所有的句子都在說服我：我們必須有衣著規範，因此，結論一定是「是的，學校應該制定衣著規範。」

．同樣地，文章裡也找不到指示性字詞來幫助我尋找理由。所以，我將嘗試其他方法。為了找出理由，我需要站在作者的角度，然後自問：「**為什麼**學校應該制定衣著規範？」我可以從此段落中推論出兩大理由：第一，不合宜的穿著會影響學習；第二，衣著規範未妨礙自由表達。

．現在我已經將整個論點拆解成最基本的構成了，我應該可以開始尋找語意有重大曖昧不明的地方了。首先，我找出在議題、結論和理由裡的關鍵語彙或措辭。因為，這些詞彙對這段論點非常重要。它們在脈絡中可能有一個以上的意思。比方說，可能是抽象詞彙或偏見性用語。「不合宜的穿著」絕對是這段論點當中的關鍵要素，但作者一直沒有告訴我不合宜的定義。我懷疑這個字詞可能還有其他含義……

．就我的觀點來說，我認為「不合宜的穿著」是衣服上有傷人或侮辱人的圖文。我是主張禁止穿這類衣服到學校的！那些開人玩笑的T恤絕對是「不合宜的穿著」。這一點對我來說再清楚不過。當然，本書警告：縱使事實並非如此，我也可能認為某個字詞的定義已經很清楚明白。所以，我應該一再質問：這個詞彙還有其他不同意思嗎？

．本書所建議的提示之一是，注意像下流和責任等抽象詞彙。這些字詞抽象且曖昧不明，因為在段落裡沒有特定的定義或一組判斷標準，不合宜亦然。作者沒有說不合宜的意思是「在T恤上出現傷人的圖文」；這是我的解釋，因為我認為這類T恤不合宜。作者也沒有說不合宜代表某種長度的裙子或褲子穿得很低，連內褲都露出來了。經過這番思考，我開始感覺這個字詞的意思不如我當初所想的那麼清楚明白。

・在我搞定一切之前，我想試試角色互換的建議。反對這個結論的人會怎麼定義「不合宜的穿著」呢？他們或許會極力主張：衣著規範**的確**妨礙了自由表達。學生會想在穿著上表達什麼意見呢？表達政治立場的字詞經常出現在T恤上。我就看過青少年穿著反戰T恤，或以T恤對喜愛的總統候選人表達支持。反對衣著規範的人可能就是害怕，學生會被剝奪重要議題的發言權。

・哇！現在我被困住了。如果作者談論的是T恤上傷人的圖文，我完全同意禁止穿著這類T恤。可是，如果作者說的是限制學生表達政治立場，我強烈反對。除非釐清這些曖昧不明的地方，我現在無法對這個議題做出結論。

短文2 示範回答

議題：平板電腦應取代義務教育裡的課本嗎？

結論：是的。

理由：1. 較便宜。

2. 減少紙張使用、對環境較友善。

3. 在標準化測驗中，和使用紙本教科書的學生相比，使用平板電腦的學生成績較佳。

文中哪些用字遣詞的語義有其他含義，可能影響我們採取行動的意願（立刻在校務會議上要求讓學生改用平板電腦）？首先，文章寫到「節省經費」，提倡人士指的是最初或長期下來的花費？換言之，平板電腦的使用年限比教科書更長嗎？再者，文中宣稱平板電腦「減少紙張使用」，是否單純意味著教科書是用紙做成的、而平板不是？若是，則此敘述無誤。或者，「減少」意味著將平板引進學校後，紙本資料的印量將因此下降？後者在支持「節省經費」的論點上更為有力。

5 CHAPTER
有無價值觀與描述性假設？

本章學習目標

1 說明發現論點中的「隱形假設」為何至關重要
2 分析論點中的「價值觀假設」
3 學會分辨「價值」與「描述性假設」
4 培養自己欣賞「典型價值觀衝突」
5 善用線索找出「描述性結論」

任何想說服你相信某一特定立場的人，會試圖提出符合此立場的理由。也就是說，理由和結論會配合形塑出故事。因此乍看之下，幾乎每個論點都「頭頭是道」，看得見的推論結構貌似很完整。然而，明述的理由，並非證明或支持結論的唯一觀念。還有隱藏或未明白表述的信念提供了看不見的結構，而這層結構允許看得見的結構讀或聽來更有道理。因此，本章指出的假設或許是了解和評價論點時，本書最強而有力的部分。

請閱讀以下這段簡短的論點，檢驗隱藏結構的重要性：

> 地方政府應更嚴格執法，以杜絕酒醉鬧事的惡習。很明顯，民眾不夠積極守法；因此，都市警察必須採取行動。如果執法不嚴，我們如何期待改變？

乍看之下，理由支持結論。如果市政府期望市民改變行為，就必須在法律執行上加把勁。

不過，有一種可能的情形是，作者給的理由千真萬確，卻不必然支持結論。如果你相信酒醉鬧事是個人責任，而不是政府的集體責任，那麼，從你的觀點來說，這段文字的理由就不支持結論。只有在你接受作者視為理所當然的、若干未明述觀念的情況下，他的推論才能說服你。在這個例子裡，作者視為理所當然的觀念是「集體責任」比「個人負責」更理想。

所有的論點都包含作者認為理所當然的信念。一般來說，這些信念不會明白陳述，必須從字裡行間中找出假設。這些信念是推論結構中重要的無形連結，宛如黏著劑般維繫整個論點。同時，信念也回答了此關鍵問題：「合理連結理由與結論的必備觀念是什麼？」這種連結的必要性應明顯可見。缺乏這種連結，一個人如何從成千上百的想法中，決定何者有資格成為的理由。直到你提供這些連結，你不可能真正理解論點。

本章對批判思考者特別有幫助，可以為觀察論點的全貌做好準備，而不只看其吸引人的特色。你可以慢慢來創造對方提供且希望設法隱藏的論點要素。

以下另舉一例，說明假設的重要性。為什麼本書要求你努力學習並精通批判思考的技巧和態度？你有很多理由不學批判思考，比方說，仔細思考比其他決策方法——丟銅板或直接請教身邊專家下一步該如何想、怎麼做——更費神費事。但本書就是鼓勵你學習批判思考，並一直告訴你批判思考對你好處多多。

我們的忠告是基於某些看不見的信念。而且，假如你無法同意這些信念，你就不會接受我們的忠告。批判思考相信自主、好奇和合理是人生最重要的幾項目標。批判思考的最終產品是一位願意放開心胸、接納多元觀點，以理由和證據評估，然後以評估結果決定相信什麼和採取什麼行動的人。我們相信你會喜歡這樣的生活，也因此你會想成為一位批判思考者。

當你想要了解一個人，從許多方面來看，你的任務很像是不懂魔術戲法的你，依著魔術師的手法操作。你看到手帕放進帽子裡，抓出來變成一隻兔子，卻不知道魔術師是怎麼辦到的。為了了解他的把戲，你必須去發掘他所隱藏的手法。同樣地，面對一項論點，你必須去發掘未曾明述的精巧布局，事實上就是未明述的觀念或信念。我們將這些未言明的想法視為假設。為了全面掌握論點，你必須辨認出各種假設（assumption）。

假設的特性如下：

一、隱藏或未明述（大部分狀況下）
二、被視為理所當然
三、影響我們確定結論
四、可能似是而非

找出假設的基本指引

當你要找出假設時，你應該從何處找，又應該怎麼找呢？任何著作、討論、文章都含有無數的假設，但需要你關心的

假設的關鍵特性

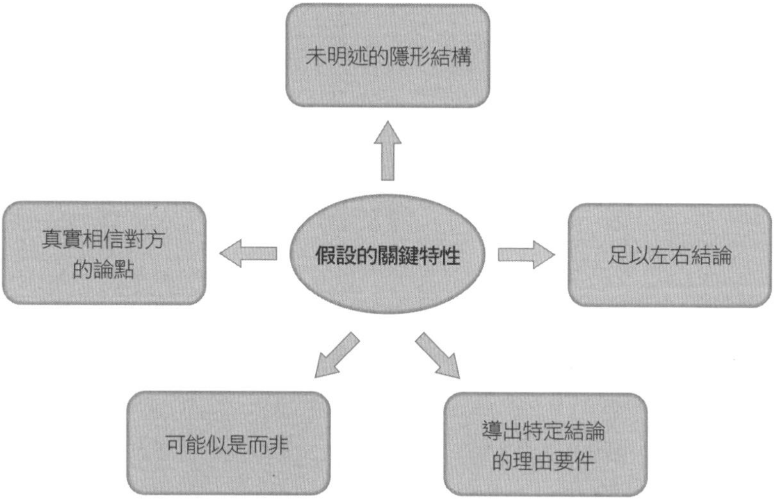

假設不多。務請牢記在心：論點的有形結構是由理由和結論構成。因此，你只需對影響結構品質的假設感興趣。你可以把搜尋假設的範圍，限縮在已學會怎麼辨認的結構上。

具體來說，可以從兩個地方找到假設。尋找利用理由去支持結論時需要的假設（連結假設），以及尋找證明理由正確所需的假設。

這兩種假設在形成論點的過程都扮演極為重要的角色。我們先介紹價值觀假設（value assumption），接著是描述性假設（descriptive assumption）。

思辨重點！
從理由推演到結論的過程中，找出價值觀與描述性假設。

請注意，我們尋找曖昧不明的重要字詞時，也從理由和結論著手。同樣地，我們十分注重理由和結論在演說或文章中的重要地位。

思辨重點！
假設泛指未明說的信念，被理所當然的用以支持明確的推論。

價值觀衝突與假設

為什麼一些非常理性的人疾言厲色，指斥墮胎無異於謀殺，而其他同樣理性的人卻相信墮胎合乎人道精神？你曾經質疑過，為什麼歷任美國總統，不管政治信念為何，最後都會和新聞媒體起爭執，傾向於不公布政府資訊？

產生這些不同結論極其重要的原因之一是：價值觀衝突（value conflict），或者因為參考框架不同，產生了相異的價值觀。對於道德性或指示性的論點，個人的價值觀會影響提出的理由，進而影響結論。舉例來說，有所頂尖大學最近宣布要辭退一百名教職員。學生立刻高聲反對，由於他們一向關注公平（對被開除的教職員工而言）與信賴（學校承諾過特定開課的規模）的價值觀，因此情況越演越烈，然而大學行政單位崇尚的是效率與節省的價值觀，並據此執行減少成本的策略。

事實上，只有把價值觀假設加進推論，理由才會合乎邏輯地支持結論。底下說明了價值觀假設在指示性論點中所扮演的角色。

> 消遣娛樂用藥不該合法化，這種藥品引發太多街頭暴力和其他犯罪。

請注意：只有在你理所當然地認為公共安全比個人責任重要時，這個理由才會合乎邏輯地支持結論。價值觀假設對這類型的論點很重要，因為它們正躲在背面指導推論。設法與你溝通的人可能意識到，也可能沒意識到這些假設。你應該養成習慣，尋找理由背後的價值觀假設。

所謂**價值觀假設**，是指大家在面對某些彼此競爭的價值觀時，理所當然地挑選較為合意的那一項。當作者對某項社會爭議抱持某種立場時，通常偏愛某一價值觀甚於其他價值觀，也就是說，他們自有一套價值觀優先順序或偏好，這些偏好就是他們的價值觀假設。要找出這些優先順序，你必須能充分掌握**價值觀**的意義。因此，我們認為這是再次溫習本書第一章——價值觀介紹的好時機（參考第38頁）。

從價值觀到價值觀假設

要辨認價值觀假設，我們必須不能只看一張簡單的價值觀清單。有許多人價值觀和你相同，例如：幾乎沒有人不喜歡保持彈性、合作和誠實吧？

請再次檢視定義，相信很快就能看出，透過定義每個人清單上大部分的價值觀都大同小異。因為，其中有許多是共有價值觀，所以單憑價值本身並不能讓人充分了解事情的全貌。

你擁有的特定價值觀所引發的相對強度，會導致你對一個指示性問題，提出不同的回答。

特定價值觀將會導致不同程度的緊張，我們可以這樣理解，當有很多組的價值觀碰撞或衝突時，會產生爭論的反應。發現大部分的人既重視競爭、也重視合作，對我們的幫助不是很大；但你若發現，當兩種價值觀相互衝突時，誰重視競爭甚於合作，即有助於我們對指示性選擇的了解。

人往往未言明自己偏愛哪些特定的價值觀，但是價值觀偏好深深影響他的結論，以及他如何為結論辯護。即使沒有明白陳述，作者堅持的價值觀優先順序，就成為他的價值觀假設。有些人把這些假設稱為**價值判斷**（value judgment）。認清他人對相互衝突的價值觀或價值觀組合的相對支持力度，一方面可以增進你對文章的了解，另一方面也可以作為評估指示性論點的基礎。

思辨重點！
價值觀假設是指在特定的脈絡中，偏好某種價值觀甚於另一種價值觀，但是這種偏好沒有明白表示出來。我們視價值觀偏好和價值觀優先順序為同義詞。

當你發現某人在特定論點中持有某種價值觀偏好時，就不應該期待同個人在討論不同的爭論性議題時，必然持有相同的價值觀優先順序。一個人不會不顧討論的議題，都抱持相同的價值觀優先順序。因為，和爭論性議題有關的脈絡與事實資料，會影響我們堅持特定價值觀偏好的程度。我們對價值觀偏好的堅持，只到某種程度。例如，那些多數時候偏好「個人選擇的自由」甚於「群體的安樂」（如穿著有國旗圖案的衣服）的人，在見到群體的安樂遭受太大的傷害時（例如，右派人士在許多納粹大屠殺的倖存者社群面前，發表種族歧視演講），可能改變原來的價值觀偏好。換句話說，價值觀假設和脈絡有很大的關係，它們適用於某種場景，但在指示性議題的細節改變後，我們可能選擇相當不同的價值觀優先順序。

典型的價值觀衝突

認識典型的價值觀衝突，你可以更快確認作者形成某種結論時所持有的假設。我們已經列出發生在道德議題中，一些比較常見的價值觀衝突，並且提供一些爭論性議題的例子，可以明顯看出價值觀衝突。在你試著確認重要的價值觀假設時，你可以以這張清單作為起點。

確認價值觀衝突時，你經常會發現，對形成特定爭論很重要的往往涉及幾個價值觀衝突。評估某項爭論性議題時，請試著找出幾個價值觀衝突，就像是自我確認。

典型的價值觀衝突和爭論：

1. 忠誠—誠實	你應該告訴爸媽姊姊吸毒嗎？
2. 競爭—合作	你認為學業成績評分制度有助於學習嗎？
3. 新聞出版自由—國家安全	每星期召開總統記者會是明智之舉嗎？
4. 秩序—言論自由	思想偏激的人應該被捕嗎？
5. 理性—衝動	下注之前，應該先看賭贏的機率嗎？

找出價值觀假設的線索

前面提過，尋找價值觀假設的好起點，是探討作者的背景資料。盡你所能去調查作者或講者通常持有的價值觀偏好。對方的身分是企業高階主管、工會領袖、共和黨幹部、醫生或公寓租戶？這樣的人通常想保護什麼利益？人為維護一己私利而奮鬥，並沒有什麼不對，但這種追尋經常限制了一位特定作者所能容忍的價值觀假設。比方說，大型香菸公司的總裁當然不太可能高度評價同情弱勢的價值觀，因為偏好同情弱勢而非偏好穩定的價值觀將會導致他失業。如此一來，身為批判性閱聽人的你，思索像溝通者的人可能持有什麼假設時，往往就能很快發現他的價值觀偏好。

不過，在此要提醒一件重要的事，即使一個人屬於某個群體，也不見得持有那個群體特有的價值觀假設。以為屬於某個群體的每個人想法都一樣是不對的。我們都知道當商人、農民、消防隊員討論某個爭論時，有時可能有不同的意見。探討作者或講者的背景，管窺他的價值觀假設，只是個線索。就和其他的線索一樣，使用時必須非常小心謹慎，才不會誤導自己。

把價值觀假設當成線索的結果

指示性論點中，針對任一個議題所持有的每種立場，都會發展出不同的後果或結果。每一種潛在的後果都有可能發生，而且都具有某種程度的可取性或不可取性。

特定後果的可取性依個人的價值觀偏好而定。這種情況中，結論的可取性是由潛在後果發生的可能性，以及每種後果對他們的重要性所影響。因此，要確定一個人的價值觀假設的重要方法之一，是檢視用於支持結論的理由，然後確定是哪些價值觀優先順序導出這些理由，而這些理由經評估後，被認為比該議題的另一方的理由具可取性。我們來看以下具體的例子：

不該與建核能發電廠，因為核廢料很危險，會汙染我們的環境。

這裡提出的理由相當明確：興建核能發電廠的潛在後果。作者顯然認為汙染環境很不可取。為什麼在這個人的想法中，這種後果占有那麼大的分量？防止汙染有助於達成何種更為普遍的價值觀？我們只能猜測，但可想而知，這個人可能特別重視健康和自然保育。換成別人，可能會在這個論點中，強調不同的後果，例如供給電力給消費大眾將受到什麼影響。原因何在？可能因為後者非常重視效率。因此，如果價值觀假設是健康和自然保育重於效率，那麼被提出的理由就能夠支持結論。

這樣一來，確定價值觀假設的一個重要方法，是問：「**為什麼對方樂於把特定的後果或結果當成理由提出？**」

找出更多價值觀假設的線索

角色互換是尋找價值觀衝突的實用技巧之一。你應該提問：「**那些人採取的立場和已表**

明的論點不同，那他們關心的是什麼？」舉例來說，有人主張不該拿猴子來做實驗研究，那麼你應該自問：「如果我贊成用猴子作實驗，那我關心的是什麼？」

最後，你總會弄清楚，不同意作者的結論，是否來自「個人我行我素的權利」和「那種行為影響群體福祉」兩者間的價值觀衝突。許多論點都只是隱約立基於這種持續存在的價值觀衝突之上。和其他常見的價值觀衝突一樣，每個人都能想起以前曾在無數的場合中，需要我們權衡取捨這兩種重要的價值觀和其所產生的影響。

舉例來說，在探討於公立學校使用金屬探測器時，我們建構論點的第一步，往往是考慮個別學生的隱私權，以及如有學生攜帶武器到學校時，可能對學生造成身心安全的威脅。接著，相較於其他價值觀，我們試著平衡這兩種價值觀：在這種情況中，個人隱私權受到的保護，是不是應該高於其他學生的福祉？其他議題如果涉及這種價值觀衝突，又該怎麼處理？

了解別人價值觀偏好的價值

大多數資訊來源，如媒體、大學、朋友等，幾乎都不會公開所持意見背後的價值觀假設。而且，根據許多案例可知：他們甚至沒意識到價值觀假設的存在。我們根本不可能聽到有人說：「根據我的價值觀偏好……」這種情況簡直糟透了！知道他人抱持何種價值觀假設，以及產生價值觀偏好的根本原因，讓我們擁有巨大優勢、更可能包容不同背景的人。譬如，心理學家強納森・海德特（Jonathan Haidt）在《好人總是自以為是》（*The Righteous Mind*）中，談論美國政治的發展脈絡，並指出共和黨與民主黨若能欣賞彼此的核心價值觀偏好，就能提出更有建設性的反對意見。他也提出自由主義者最重要的價值觀是「關心」（care），尤指對受壓迫者的關心；社會保守分子最重視的價值觀則是「權威」（authority），即守護崇尚某道德社群（moral community）的制度與傳統。海德特希望雙方更了解這種核心價值觀，這將會導致雙方更有意願思考對方的論點。

找到價值觀假設之後，接下來怎麼利用？首先，不要忘了每個批判性問題的目的——為了讓你有能力評估推論。因為你知道思考周密的人有不同的價值觀假設，你有權質疑為什麼採用任何一種價值觀假設。因此，身為批判思考者，你希望指出提出論點的任何人，需要解釋為什麼你應該接受此論點中隱含的特定價值觀假設。

價值觀與相對論

在本章中，我們不想讓讀者覺得價值觀偏好有如享用冰淇淋。如果我喜歡藍莓乳酪蛋糕口味，你沒辦法說服我相信檸檬戚風蛋糕口味更好吃。冰淇淋只是個人口味偏好的問題，故事結案！

但是，價值觀偏好的選擇卻需要推論。推論時可以掌握充分的資訊、深思熟慮、小心翼翼，但也可以隨意為之、自說自話。因此，價值觀偏好需要有一些正當理由，讓批判思考者覺得言之成理。如同任何其他結論，一個價值觀偏好需要有輔助性的理由和證據。

找出和評估描述性假設

當你找到價值觀假設，會相當清楚作者或講者希望這個世界是什麼模樣，也就是他認為什麼目標最重要。但是，你不知道他視為理所當然的世界和居住在上面的人類是什麼性質。例如，他們本質是懶惰或成就取向、合作或競爭、為生物組成或他們的環境所控制、自私自利或博愛利他、理性或異想天開？對方可見的推論，除了取決於自身價值觀，也取決於這些想法。這些未曾明述的想法就是描述性假設，也是論點中重要的隱形要素。

底下這則正力勸你買部車的論點就取決於這種隱形假設。你看得出來嗎？

這輛車可以帶你抵達目的地，不論哪裡都行！我開著它征戰過大大小小地方。

描述性假設是指你對這個世界的**過去**、**現在**、**將來**面貌所持有的信念，你應該還記得，指示性假設或價值觀假設，是指你對這個世界**應有**的面貌所持有的信念。

闡明描述性假設的定義

我們仔細探討有關汽車的論點，以便更清楚說明描述性假設的意思。推論結構如下：

結論：這輛特定車可以帶你去任何想去的地方。
理由：此車款多年來功能優異，在各種地方都能順利行駛。

到目前為止，推論並不完整。我們曉得光是理由並不能直接連結結論，理由必須連結其他某些（往往未曾明述的）想法才能和結論相連。這些想法如果正確，才能合理把理由視為能支持結論。因此，無論理由是否支持結論，或與結論有關，要看我們是否能找到未曾明述的想法，以合乎邏輯的方式，把理由和結論串連。當這些未曾明述的觀念屬於描述性質，我們稱之為描述性假設。對此，我們針對上述論點，提出兩個描述性假設：

假設一：這特定車款每年出廠的品質都能保持穩定一致。

首先，請注意，論點中並沒有上述的陳述。然而，如果理由正確，而此假設也正確，那麼，此理由就能給結論若干支持。但是，如果每年出廠的汽車無法保持相同的品質水準（我們知道很難做到這一點），那麼，前幾年此車款的經驗就無法當成本年度購買此車型的可靠參考。接著，請注意，這個假設**是**陳述現狀，不是表示事情**應該**是什麼樣子，所以，它是描述性連結假設（descriptive connecting assumption）。

假設二：這輛新車的駕駛體驗，與推薦人過去的體驗相同。

當我們談論「駕駛」體驗時，我們可能需要澄清駕駛一字帶來的模糊感，以免未來陷入麻煩。假如推薦人所說的駕駛體驗指的是經常性採買生活必需品的旅途，車子都是走在平整、非山坡的郊區道路上的話，那麼，這種駕駛體驗就不能提供給買新車還要加掛重型拖車、行駛於科羅拉多州（Colorado）山路的人參考，因為實在太不相干。因此，只有在駕駛體驗的定義做了某種假設的前提下，結論才得到理由的支持。

我們可以把這類描述性假設稱為**定義式假設**（definitional assumption），因為我們把某個詞彙意義視為理所當然，而這個詞彙可能具有多重意義。所以，我們要找一種非常重要的描述性假設是定義式假設，也就是具有多元意義的詞彙中被視為理所當然的那一個。

一旦你找到連結假設，你已經回答了這個問題：「這個結論以什麼為基礎，從哪個理由所得出？」接下來自然而然的一步，是問：「接受這個假設的基礎是什麼？」如果找不到答案，那麼對你來說，理由就沒辦法支持結論。找得到答案的話，就表示理由提供了結論合乎邏輯的支持。這麼一來，在你找到連結假設，而且有很好的理由相信那些假設時，你就可以說推論過程相當完整。

思辨重點！

描述性假設是指作者或講者未明言對這個世界現在或未來面貌懷有的信念。

當你確認假設時，要找的是溝通者視為理所當然的想法，且基於這些想法，理由支持了結論。由於作者和講者經常未察覺本身的假設，所以他們表現在外的信念，可能和你確認的隱形假設相當不同。

常見的描述性假設

假設的質與量一樣重要，是任何論點不可或缺的元素。假設占於優先位置或已被安排好，它也是人們在提出論點的過程中，不會共享的未公開信念。假設總是在場且強大，但你身為讀者或聽者必須發掘。描述性假設常常有誤，這點也請謹記在心。

培養發現假設的技巧和使用假設的有效方式，正有助於評估作者或講者堅持的論點，也是培養對常見假設的敏感度。這些假設常常出現在我們的思考過程，一旦你學會如何找出假設，就會開始欣賞它們在一般情況下，凌駕於思考之上的強大力量。當你辨識假設影響力的技巧變得更為純熟之後，就會更渴望將辨識關鍵假設內化為批判思考的基本環節。

- 「發生在人們身上的事，主要是個人選擇的結果。」這種假設在我們責怪或榮耀他人時成形，大到無法忽視。
- 「講者或作者是典型人物。」當有人做出此假設，理由不外乎都是建立在個人經驗或品味上。
- 「世界是公平的。」此假設在背後，緊扣著形式的推論：某事必須為真，意指它將會成真。相信各位都了解這種推論通常稱為**浪漫謬誤**（romantic fallacy）。

●「因過去發生某事，未來也會發生。」此假設再現了沒經過批判思考、過度簡化的反應。

●「我的世界是宇宙的中心。」此假設讓我們難以支持專門造福他人的法律或政策，也就是說，壓下了對弱勢族群的同理心。這個假設也讓我們難以感激文化的多元性。

請注意所有假設都是可辯論的，換言之，講理人士可以不同意論點的正當性。對批判思考者來說，重點在於當人們做出假設時，我們應該要求他們解釋緣由。這樣一來，我們可以反映完整論點，而非只針對看得見的部分。

發現假設的線索

在尋找假設時，你的任務是透過填補消失的連結，重建推論結構。你希望提出一些想法，協助溝通者的推論「更有道理」。一旦有包含可見和不可見要素的整體論點的畫面，你將會站在更有利的位置去判斷它的優缺點。

如何尋找那些遺失的重要連結？這得花費心思、想像力和創造力。尋找重要的假設是困難的任務。前面我們已給你幾個線索，告訴你怎麼尋找價值觀假設。此處的線索將可成功搜尋描述性假設。

● **不斷思考結論和理由之間的缺口**。你為什麼一開始就找假設？找假設的原因，是為了判斷理由支持結論的力度。因此，你要找的是作者或講者已視為理所當然且將理由和結論連結的假設。不斷提問：「**你怎麼從理由走到結論？**」「**如果理由正確的話，其他內容也必須正確，結論才會隨之而來？**」為了幫助回答上述問題，提問：「**假使理由正確，結論是不是仍有可能錯誤？**」幫助很大。搜尋缺口，有助於同時找到價值觀假設和描述性假設。

● **尋找支持理由的未言明想法**。有時理由看起來並沒有明確的支持基礎，然而理由是否合理，要看被視為理所當然的觀念是否令人欣然接受。這些觀念就是描述性假設。以下的簡短論點說明了這種狀況：

結論：所有高中的英語文學課程都要求學生至少看一場莎士比亞的戲劇。

理由：體驗莎士比亞的戲劇對學生是有益處的。

接受的理由中，有什麼被視為理所當然的想法？我們必須假設：

假設一：戲劇表演得很好，忠實反映出莎士比亞想傳達的情節。

假設二：學生將會了解戲劇內容，而且能夠連結它與莎士比亞的關係。

假設一和二都是已經被視為理所當然，理由才能被接受，因此有潛力支持結論。

- **設身處地，認同作者或講者**。想像自己是被要求為結論辯護的人，這樣較容易找到假設。如果辦得到，不妨深入做出結論者的內心世界，去發掘他的背景。當採煤公司的高階主管表示，露天採礦不會嚴重傷害自然環境的美景時，一開始持有的信念可能是：露天採礦對國家有益。因此，他對美景的定義，可能和他的論點一致，而其他人的定義卻會譴責露天採礦的行為。
- **認同反對立場**。如果你站在講者或作者的立場，卻無法找到假設在哪裡時，這時不妨試著對調角色。問問自己：「**為什麼有人不同意結論？哪一類的推論促使某人不同意你正在評估的結論？**」若是你能扮演不接受結論的角色，將更能輕而易舉地看出鑲嵌於具體論點結構中的假設。

將個人價值觀與假設帶入論點乃人之常情。只是很多時候，如果沒仔細審視，我們甚至沒有察覺在想法背後的價值觀或假設（不過，有時就算審視了也毫無所覺）。

當創造自己的論點時，不論口語或寫作，都必須清楚我們如何成為現在的自己，包括出生長大的家庭環境，以及教育、宗教背景、親朋好友都在影響我們看待議題的立場。在人生大半輩子中，這些影響一再引導我們做出決定、培養信念，導致批判思考的技巧毫無用武之地。因此，我們當中的許多人並不太觀注自己立場底下的價值觀，也不太觀心自身反映的價值觀孰重孰輕。雪上加霜的是，我們共用相同的價值觀，所謂的不同，並不是根據我們具有的價值觀而定，而是價值觀排行榜。

還記得本章開頭所提，警方應該加強執法取締酒醉鬧事的例子嗎？我們討論了該結論假定集體責任應凌駕個人責任。我們之中的多數人對於寫或說出這種論點感到自在，畢竟，第一眼看到或第一耳聽到這個論點時，有人會說自己贊成酒醉鬧事嗎？又有誰會反對警方嚴格執法呢？然而，嚴格執法真能反映我們內心的信念嗎？假如再思索一下，你還會將集體責任擺第一，個人責任其次嗎？或者，你會開始思考其他價值觀是否更適合解決公共場合醉酒問題，例如透過教育鼓勵大家負起個人責任，如此一來，就不用麻煩忙碌的警察分神處理醉鬼了。

辨認個人價值觀偏好的第一步，即是針對某議題可能產生的結論，退一步思考其背後是否隱含不同的價值觀。每個議題的解答都不只一個，而是有許多可能。我們追求的是最符合個人信念的答案。現在回頭來看先前提過的一個議題：

我們應該推動毒品合法化嗎？

如想針對此題目寫評論或擬講稿，一定不會只回答是或否，而是提出贊成或反對的理由來佐證你的見解。我們不只希望自身答案能符合個人價值觀，也希望答案背後的理由可與價值觀一致。做出結論之前，務必檢視多元答案背後的理由。請記住，每個答案都有許多可能的理由，無論是贊成或反對。接著，再看一次先前所下的結論：

消遣娛樂用藥不該合法化。

此結論隱含何種價值觀？再次重申，此主張強調的是集體責任凌駕於個人責任之上。相信個人責任至上的人，就不會希望由政府來決定民眾的用藥習慣，而是認為應由人民自己決定。此句的價值觀假設是政府責任比個人責任更值得信賴（請注意，這裡的價值觀偏好與警方應嚴格執法取締公共場合醉酒的例子類似。我們經常遇到政府與個人責任之間的價值觀衝突）。

接著，來看上例例子的理由：

理由A：這種藥物引發太多街頭暴力事件與其他類型的犯罪。

本章先前提過，我們辨識出隱藏在此理由下的主要價值觀，正如主張公共安全的價值觀。在你決定是否想支持此論點或建議的結論和理由前，請先看看其他可能隱含的理由與價值觀：

理由B：消遣娛樂用藥不能合法化。若無法律制裁，人民行事就不會考慮真正對自己有益的事。

價值觀：家長式統治

理由C：消遣娛樂用藥不能合法化。嗑藥會嚴重傷害嗑藥者本人與家庭的身心。

價值觀：健康

理由C還能加上一些補充說明，例如嗑藥造成的身心傷害醫療成本高達數百萬美元（為論點增加了新價值觀——財政責任（fiscal responsibility））。

所有理由都隱含不同的價值觀。我們的任務是找出自己偏好哪些價值觀，或是全盤接受。我們認為何者比較有價值：公共安全、家長式統治（paternalism）、健康，還是財政責任？何者對我們來說更為重要？還有其他隱含的價值觀引起你的共鳴或不會引起你的共嗎？同時考量結論與支持結論理由的多元可能性，這能讓我們辨認自身的價值觀假設，而且我們可以選出最能反映自身信念的結論和理由。

但這還不是全貌。儘管我們理解自己較贊同某項論點的價值觀，也對其感覺自在，但隨論點脈絡的不同，價值觀也可能改變。因此，我們或許贊成人民應有促使藥物合法化的個人自由；但若換成墮胎合法化，我們可能感覺沒那麼自在。任何的論點和脈絡將會影響我們如何為自己的價值觀定順序。所以，只是排名我們的價值觀，或為我們的價值觀定順序是不夠的。我們需要超越不同論點的各種變化，準備好來評價價值觀。

而且，最重要的一點或許是，認識結論背後的價值觀，讓我們有機會知道自己如何看待世界的本質。假如我們相信家長式統治比個人責任更重要，我們便有機會看到人們放棄自己的工具，且將不會為社會或自己盡力的世界。這種隱形價值觀假設，造成人民寧願將決定權交給權威，由權威來制訂規則防止個人危害自己或他人。因此，如果我們能深入了解自己的價值觀偏好，就能更加了解自己。

一旦我們找出支持理由與結論背後的隱形價值觀、決定議題的立場後，務必小心在提出論點過程中可能產生的描述性假設。切記，描述性假設是指我們對這世界過去、現在或未來面貌所懷有的信念。

為了成功找出寫作或口說內容的種種假設，我們應自問兩個問題：「**連結此理由與結論時，我們認為什麼是理所當然的？**」「**雖然這個理由有效，但結論是否可能無效呢？**」

下面這個結論，有助於幫助各位釐清相對難應付的觀念：

說服學生相信閱讀有趣又好玩，是提升閱讀流暢度必要的第一步。

這句話的理由（提升閱讀流暢度是必要的）支持結論（我們應該說服學生相信閱讀有趣又好玩）。描述性假設則是：閱讀流暢度是我們偏好的結果。我們會不會更偏好看到其他結果？若結果是豐富心靈呢？如果我們企盼的是，透過教學生閱讀來豐富他們的心靈，還需要強調並說服學生相信閱讀有趣又好玩嗎？或者是結論要怎麼改呢？或許新結論可以改寫成：我們應該說服學生相信閱讀既艱難又充滿挑戰，但這是想要豐富心靈的唯一途徑。這個主張也有自己的假設（例如：唯有透過挑戰才能豐富心靈）。然而，重點在於如果我們不贊同這個描述性假設，此論點就支離破碎了。因此，我們必須先了解自己對於世界的假設是什麼，再來決定自己想在寫作、口說中，支持什麼結論。

最後，在寫作與說話中，我們或許會發現，跟與目標受眾分享個人的隱形價值觀與描述性假設，幫助頗大。假如我們覺得，提醒受眾自己的結論隱含何種價值觀將能說服他們接受結論的話，那麼清楚分辨價值觀將會非常有用。

因為主題非常難纏、複雜，將分辨價值觀與描述性假設的步驟重點條列，融入寫作、口說流程一起執行會非常實用。

一、檢視欲討論議題可能的結論背後，具有哪些價值觀假設。

二、選出最符合自身價值觀的結論。

三、一旦選好結論後，找出各種可能的支持理由，以及其背後隱含哪些價值觀假設。

四、根據上下文，選出最符合我們選定與偏好結論的理由。

五、若步驟四不成功，回到步驟一重新檢視可能的結論。

發掘描述性假設的線索：

1. 不斷思考結論和理由之間的缺口。
2. 尋找支持理由的想法。
3. 辨別反對立場。
4. 更深入了解議題。

第四問：有無價值觀與描述性假設？

在以下三篇文章中，找出作者重要假設的位置。記住要先確定結論和理由。

短文1

外出和參加派對時，大學生必須更加注重安全。對許多學生而言，大學生活最讓人期待的就是參加派對的興奮感，既可認識新朋友、喝酒也不受父母和校方監控。不幸的是，只在乎自由和玩樂往往使自己身陷險境，如飲酒過量、遭遇鬥毆或性侵。最好的方式是確保學生在享受大學生活時，也能注意自身安全。

短文2

由於霸凌新生和派對不斷的負面形象，大學兄弟會和姊妹會飽受批評。然而，這類團體亦有讓人認真考慮加入的優點。例如，你可能在此結識真正的兄弟姊妹、並成為一生的好友。附帶好處也包括拓展人脈。畢業後在尋找工作時，多數人會發現未來並非取決於你的專長、而是人脈。加入兄弟會和姊妹會讓你得以接觸為數眾多的專業人士。由於經常舉辦餐會和派對，入會的另一個主要優勢是有機會主導活動、提升職場競爭力。最後，加入兄弟會和姊妹會是享受社交生活、結交眾多好友的大好機會。大學生活不該只有上課和學習，而是應該成為你人生中最棒的時光。

短文3

線上教學儼然成為傳統教室授課之外的熱門選擇。線上教學的確有其優點，然而弊大於利。舉例來說，傳統教學提供孩子彼此互動的環境，若接受線上教學，將錯失這樣的機會。這些互動對孩童發展的影響，和他們在學校上的課程同樣重要。學生若沒有和同儕建立連結的體驗，將有風險養成反社會人格及被孤立。此外，接受線上教學的孩童也無法經歷和各式各樣的教師建立互動關係的經驗。當學童能接受多位教師指導的，他們將從每位教師身上接收不同的觀點。比起電腦螢幕上的程式，傳統教學提供了更好的環境，由多樣的老師帶領學童找到學習熱忱。

說明以上各論點的假設時，只列出一些我們認為最重要的。

短文1示範回答

結論：外出或參加派對時，大學生必須更加注重安全。

理由：盡情享受派對和酒精，往往使自己身陷險境。

這裡強調的理由是派對和酒精過度的負面後果。可知與此論點相關的價值衝突是介於一邊是自由、刺激，而另一邊是安全。當然，或許有人會強力反對，認為事實上追求刺激和自由是進大學的最好理由之一。本文中安全勝於一切的價值偏好，連結了理由與結論。正如大多數的指示性爭議都牽涉到一個以上的價值衝突。在本例中，還需要在理性與隨心所欲之間權衡輕重。

短文2示範回答

結論：大學生應該考慮加入兄弟會或姊妹會。

理由：

1. 加入後學生彼此能建立密切的關係。
2. 互動形成人際網絡，有助於將來求職。
3. 可在兄弟會和姊妹會的活動中，培養領導能力。
4. 兄弟會和姊妹會促進了愉快的社交生活。

是什麼連結了這些例子的理由和結論？這些理由可能正確、但**不**支持結論嗎？價值偏好是不可或缺的連結。此處假設的價值偏好，亦即歸屬感和樂趣比自我約束和學業成就重要，連結了理由與結論。此外，還有一個具爭議的描述性假設，也串聯了理由與結論：兄弟會帶來的好處，無法由校內其他社團或團體取代。是否有任何我們視為理所當然的想法，能有助於讓我們接受任何理由的事實呢？我們是否忽略了這種想法？唯有在潛在雇主將參加兄弟會或姊妹會視為加分經歷的情況下，第一個理由才正確。例如，許多雇主可能傾向將這份經歷視為不夠獨立，缺乏認真的態度和動力。

6 CHAPTER
推論過程有無謬誤？

本章學習目標

1 從評價假設，到練習發現謬誤

2 熟悉幾大邏輯謬誤

到目前為止，你只將作者或講者給你的素材，組合成有意義的整體結構。你已經學會捨棄無關緊要的部分，以及如何發掘把相關部分緊緊連結的「隱形黏膠」，也就是假設。所有這些東西都是靠提出批判性問題達成的。讓我們簡短複習以下問題：

一、議題與結論是什麼？
二、理由是什麼？
三、有無曖昧不明的語言？
四、有無價值觀和描述性假設？

問這些問題，能讓你明瞭溝通者的推論，並且察覺論點中的強弱之處。現在你的主要問題是：「**以對方提供的理由來看，結論的可接受度如何？**」現在我們準備將重心放在評估上。**請記住**：批判性閱讀和傾聽的目的是判斷結論的優勢或價值。

回答前面四個問題，是展開評估程序的必要起步。現在我們要問的問題，能更直接和明確地判斷推論的價值或品質。如今我們的任務是，區分假金（fool's gold）和真金（genuine gold）。我們希望把最好的理由挑出來，並且慎重處理。

評估程序階段中，第一步是檢視推論結構，確定溝通者是否採用了有問題或讓人高度質疑的假設，抑或是透過邏輯上的錯誤或其他欺人的推論形式「愚弄」你。第五章的重點在於找出、思考假設的品質。本章標示出推論上的「詭計」，也就是所謂的**謬誤**（fallacy）。我們以「〇〇的謬誤」來稱呼隨便草率的假設。這些假設太過普遍，為了幫助各位快速了解，我們決定分門別類命名之。換句話說，本章僅是前面幾章討論到指示性假設和描述性假設的外加要素。

發掘這些邏輯詭計，可以防止我們受到不當影響。接著，來看看推論謬誤的實例：

主編，您好：

貴報支持史賓德（Spen dall）參議員的加稅主張——增加本州可用於改善道路的稅收，令我驚訝不已。史賓德參議員當然贊成加稅，對於主張課稅來花的自由派，還能期望什麼呢？

我們注意到這封信引用那位參議員的自由派色彩，乍看之下，好像提出了「理由」，來反對加稅議案。但是，這個理由**和**結論**無關**。問題在於加稅的想法好不好。這封信的作者，對參議員持有的理由置之不理，也沒有提出反對加稅的明確理由，相反地是對參議員做出人身攻擊，給人扣上「課稅來花的自由派」的帽子。這位作者已經犯了推論謬誤，因為他的論點需要跟結論有關的荒謬假設，而且將注意力從論點轉移到辯論史賓德參議員。沒有警覺心的讀者對謬誤沒有警戒，可能會上鉤去思索作者是否提供了有說服力的理由。

本章將帶你練習辨識這種推論謬誤，讓你不掉進這類陷阱。

思辨重點！
謬誤是一種推論「詭計」，對方可能用來說服你接受他的結論。

以發問法找出推論謬誤

推論謬誤有許多類型。你可以在許多課本和網站上發現冗長的謬誤清單。幸好，你不必知道所有的謬誤和名稱，才能找到它。只要你問對問題，就能找到推論謬誤，即便你無法為之命名。

因此，我們使用的策略，是強調自問法（self-guestioning strategy），而不是要你背誦一長串可能種類的謬誤清單。但是，我們相信，認識最常見的謬誤名稱，可以提高你對謬誤的敏感度；也可視為一種語言捷徑，方便你將自己對推論謬誤的反應，和熟悉那些名稱的人溝通。所以，在我們找到似是而非的推論流程時，會告訴你謬誤的名稱，也鼓勵你學習本章後面列出的常見謬誤。

我們已經利用前述**投書報社**的例子，介紹了一種常見的謬誤。我們注意到：作者對史賓德參議員進行了人身攻擊，而不是直接回應參議員所提出來的理由。此例說明的就是**人身攻擊謬誤**（ad hominem fallacy）。ad hominem 是拉丁語，意思是「反對或抨擊某人」。我們之所以主張**人身攻擊**是一種謬誤，是因為提出個人個性、外表或態度的論點，往往與論點內容的品質不相干。這是送訊者的攻擊，而沒有討論訊息的內容。

以下舉出關於人身攻擊推論的簡短例子：

珊蒂：「我認為參加婦女聯誼會浪費時間和金錢。」
茱莉：「妳當然會這麼說，因為沒有半個婦女聯誼會接受妳的入會申請。」
珊蒂：「妳對我提出支持自己的立場論點，有什麼看法嗎？」
茱莉：「那些理由不算數。妳只是輸不起罷了。」

你可以從人身攻擊謬誤，開始整理謬誤名稱列表。以下是它的定義。

小心錯誤思維！
人身攻擊謬誤：抨擊對方，而不是對對方所提出的理由就事論事。

以評估假設為起點

為了讓各位知道找出錯誤假設是認清邏輯謬誤的好方法，請看所謂**敘事謬誤**（narrative fallacy）的例子。

> 眾所周知，某些警察單位逮捕非裔美國人時，特別迅速使用致命的武力。現在我們看到的影片上，有輛警車正在追逐一部超速車輛。隨著影片播放，我們發現被追的車靠邊停了，警察逼近、掏出手槍射殺了那位非裔駕駛。各位都看到電視上這段畫面了。

人類很會說故事。我們觀察一連串事件，便容易把點連成線、串成一個故事。我們不只想知道發生了什麼事，也樂於立刻編織故事，來解釋什麼真實發生了。腦中浮現的第一個「看來有理」的故事，通常能讓我們志得意滿、自認全盤掌握事件始末。我們都相信「上文所敘述的執法人員，只不過又是一個罔顧非裔美國人人權的壞警察罷了」。我們認為自己說的故事正確無誤，完整交代一切。

然而，請注意，我們對這起真實發生的事件知之甚少。我們並不知道那個飛車逃逸的駕駛其實是手持槍械的強盜。上文呈現的事實，並沒有說明警察走近停在路邊的逃逸車輛時，到底看到了什麼。我們也不了解此地的警方執法文化，無從得知當地警方有無歧視有色人種的紀錄。

我們做出錯誤的判斷，以為自己說的故事可以解釋一連串事實，敘事內容**足以**解釋每個事實之間的關係。

小心錯誤思維！
敘事謬誤：誤以為可以透過說故事的方式，解釋一連串發生的事實，並以為自己了解每件事實之間的連結。

接著，我們將逐一引領各位演練，以了解其他常見的謬誤。一旦你知道怎麼觀察分析，就能找出最多謬誤。

為了顯示你應該經歷的評估假設、認清許多謬誤的過程，我們來檢視下篇文章的推論品質，從組織架構開始：

這項法案涉及的問題，其實不是喝酒是否傷身的問題。相反地，這是國會是否樂於同意讓聯邦通訊委員會（Federal Communications Commission, FCC）任意發布決定，禁止在電台與電視播放酒類廣告的問題。如果我們應該准許FCC對酒類採取這種行動，又該如何防止其明年認定食用糖果有害公眾健康，因為會導致肥胖、蛀牙和其他健康問題？牛奶和蛋呢？牛奶和蛋的飽和動物脂肪含量太高，且無疑會增加血液中的膽固醇，許多心臟專家相信這是造成心臟疾病的原因之一。我們會想允許FCC禁止牛奶、蛋、奶油、冰淇淋的電視廣告嗎？

而且，我們都知道，無論聯邦政府採取的行動有多強烈，也無法完全有效杜絕酒類消費。如果人們想喝酒精飲料，他們總有辦法得償所願。

結論：FCC不該禁止電台或電視播出酒類廣告。

理由：

1. 如果我們准許FCC禁止電台或電視播出酒類廣告，過不了多久，FCC將會禁止更多產品的廣告，因為許多產品都可能危害健康。
2. 聯邦政府的行動無法完全杜絕酒類消費。

首先，我們應該注意到，兩個理由都指出禁止廣告的明顯壞處——這是好的開始。但是，第一個理由的可接受性，取決於此隱形假設：此例一開，類似的案例必將層出不窮。我們不能同意這個假設，因為我們相信，法律制度設有層層關卡，能夠防止不正當的行動。因此，我們判斷這個理由無法令人接受。這種推論屬於**滑坡謬誤**（slippery slope fallacy）。

> **小心錯誤思維！**
> 滑坡謬誤：假設同意某項行動之後，將引起一連串不好的事情發生、一發不可收拾。

第二個理由也有問題。即使此理由正確，但連結理由到結論的假設卻是錯的——禁止在電台和電視上播出酒類廣告的主要目的：**完全杜絕酒類消費**。比較可能的目的是**減少酒類消費**。因此，我們拒絕這個理由，並稱之為**追尋完美解決方案謬誤**（searching for perfect solutions fallacy）。這種謬誤的形式如下：X的解決方案不值得我們支持，除非它能完全解決問題。

要是我們曾經找到完美的解決方案，那麼就應該採用。然而，若試用某個解決方案之後，還有部分問題存在，也不表示採用這個解決方案是不智之舉。採行某部分的解決方案，可能比完全不予處理要好很多，也許我們會因此更接近完全解決問題。

假如我們等候完美解決方案出現，可能經常發現自己動彈不得，什麼事情也不能做。這種謬誤的另一個例子是：裝置家用保全系統只是在浪費金錢。如果小偷真想侵入你家，絕對有機可乘，不管安裝哪一家保全系統都一樣。

> **小心錯誤思維！**
> 追尋完美解決方案謬誤：假定採用解決方案之後，部分問題還存在，便認為不該採行那個解決方案。

發現其他常見的推論謬誤

為了發現更多謬誤，我們現在要幫各位練習。當你做每一道練習時，試著運用上面列出的謬誤尋找線索，偵測出謬誤。一旦你養成良好的謬誤偵察習慣，就能找到大部分的謬誤。每一道練習題都有若干推論謬誤。我們會表明為什麼認為此推論有謬誤，並告知謬誤的名稱、加以定義。

練習A

目前正宜開放讓飽受長期嚴重疼痛之苦的人選用大麻。當社會就某種藥物的價值取得共識，我們就應該批准使用該藥物。現在，開放使用大麻顯然已有共識。最近一項民調指出，七三％的人贊成應該開放醫療用大麻。此外，加州愛滋病患治療協會

（California Association for the Treatment of AIDS Victims）亦支持以大麻作為愛滋病患的治療方式之一。

分析謬誤的第一步，必須整理以下要點：

結論：應將吸食大麻視為一種醫療用途。

理由：

1. 當我們就某種藥物的醫療價值取得共識時，就應該批准使用該藥物。最近一項調查顯示，贊成開放醫療用大麻已有共識。
2. 加州某協會支持使用醫療用大麻。

他們提供了支持結論的調查結果，但**唯有**我們接受這個結論才有效用。當有些信念很流行，那麼它一定是好的，這就是錯誤假設。一般大眾往往沒有充分研究問題，無法提出合乎理性的判斷。作者或講者訴諸民意或主流的情緒時，一定要小心注意。我們將這種推理錯誤稱為**訴諸群眾謬誤**（appeal to popularity fallacy）。

小心錯誤思維！

訴諸群眾謬誤：訴諸廣大群眾共通的情緒，企圖自圓其說，錯誤假設大眾喜歡的事都是好的。

現在，仔細檢視作者的第二個理由。他做了什麼假設？為了證明醫療用大麻有其可取之處，他**訴諸可疑的權威專家**——加州某協會。有權威專家的支持，不表示你的觀點就很好。決定推論合理與否的重點在於，真正該驗證的是權威專家做出判斷時舉出的證據。除非我們知道這些權威專家具備某議題的專業知識，否則就必須視為謬誤。這種謬誤稱為**訴諸可疑權威謬誤**（appeal to questionable authority fallacy）。

> 小心錯誤思維！
> 訴諸可疑權威謬誤：引用手邊對議題缺乏事業的權威來支持結論。

現在再檢視和另一個爭議有關的論點。爭議內容為：**國會應該批准由聯邦政府出資推行的兒童發展計畫，設立托兒所嗎？**

練習B

我反對政府的兒童發展計畫。首先，我主張保護這個國家的兒童。他們需要受到保護，避免被社會規畫師（social planner）和自以為是的倡議者破壞正常生活，甚至被迫離開父母和家庭，淪為全國一體適用計畫的人質。此計畫的目的是創造所謂二十年無限的幸福，但兒童應該在父母身邊長大成人，而不是跟著一群照護人或保姆學習。現在要探討的問題是，父母是不是仍然有權塑造子女的品格，或者具公權力的國家應透過各種工具和技術來培養下一代。

以下先整理出這篇論點的要點：

結論：政府的兒童發展計畫是個錯誤。

理由：

1. 我們的子女需要受保護，避免被社會規畫師和自以為是的倡議者干擾正常的生活，並被迫離開家庭。
2. 有權培養子女品格的人應該是父母，不是國家。

身為批判思考者，我們應該尋找這個計畫的明確事實。但我們沒找到任何事實，此文的理由充滿未經定義和情緒激昂的泛泛之論。這些詞彙將典型的產生負面情緒，而這是作者或講者希望讀者或聽眾連結到他所進攻的位置。

在面對很多情況時，訴諸情緒反應並沒有錯。看到醫院被炸彈攻擊而完全沒有情緒，實屬違反人性。知道有數千名女性淪為性奴、卻還努力**壓抑**情緒，著實逼人太甚。同樣地，拿出理由與證據設法說服他人產生某種情感反應，也沒有錯。

但是，以訴諸情緒為基礎來建構論點，卻是邏輯上的詭計。練習B的作者為了讓我們反對政府的兒童發展計畫，使出了兩種常見的邏輯詭計。首先，作者透過選擇的字詞來**訴諸情緒**，希望能觸動我們的感情，進而同意她的結論。當溝通者尋求支持的方法是激發人們情緒反應，而不是提出合理證據時，就犯了**訴諸情緒謬誤**（appeal to emotion fallacy），此謬誤常見於三種場域：廣告、政治辯論，以及法院。

> **小心錯誤思維！**
>
> 訴諸情緒謬誤：運用容易引發情緒的語言來讓讀者或聽者分心，使其忽略相關的理由和證據。普遍受到操弄的情緒，包括恐懼、希望、愛國主義、憐憫和同情心。

其次，作者策畫了事實上不存在的攻擊位置，希望藉此讓我們轉而支持他。他將反對立場擴展至「容易去攻擊」的立場。這個例子的錯誤假設是，以為遭到抨擊的立場和國會實際採取的立場相同。小孩真的是普遍計畫中的棋子？對批判思考者來說，從這裡得到的教訓是：當某人抨擊某個立場的某些層面時，總是要查證他是否公正地再現了那個立場。如果沒有，那麼你就找到**稻草人謬誤**（straw-person fallacy）了。

稻草人不是真實的東西，而且很容易被擊倒——當某人犯下稻草人謬誤時，他的立場非常容易不攻自破。探討作者是否公平地再現某個立場時，最好的方式是蒐集所有立場的事實資料。

> **小心錯誤思維！**
> 稻草人謬誤：扭曲對手的觀點，使其成為容易攻擊的箭靶，因此，我們抨擊的觀點實際上並不存在。

再來仔細探討第二個理由。作者表示，若非父母有權培養孩子的品格，就應該把決定權交給國家。且看小甜甜布蘭妮（Britney Spears）在《馬戲團》（*Circus*）的歌詞：「世上只有兩種人：一種懂得自娛自樂，一種懂得察言觀色。」

類似這樣的陳述如要正確，我們必須假設只能二選一，但事實真是如此嗎？當然不是！作者製造了一個**假困境**（false dilemma）。難道執行兒童發展計畫，不可能併存對孩童發揮重要影響力的家庭嗎？當爭議被視為只有兩個選擇時，請務必審慎面對。選擇往往多於兩個。當溝通者將議題簡化為只有兩個選擇時，這種錯誤稱為**二選一謬誤**（either-or fallacy）或**假困境謬誤**。尋找二選一謬誤時，可以留意下述措辭：

- 不是……就是……（either ... or）
- 唯一的可能性是（the only alternative is）
- 兩個選擇是（the two choices are）
- 由於A行不通，只好選B（because A has not worked, only B will）

看到這些措辭，不見得表示你已經找到謬誤了，有時的確**是**只有兩個選擇。這些措辭只是個警訊，提醒你停下來思考：「這個議題是不是有兩個以上的選擇？」

請嘗試辨認下述對話中的假困境謬誤：

公民：我認為美國決定攻擊伊拉克是天大的錯誤。

政客：你為什麼痛恨美國？

小心錯誤思維！

二選一（假困境）謬誤：以為只有兩個選擇存在，但實際上選擇可能多於兩個。

在我們尋求行為的解釋時，經常會碰到更大程度的混淆。底下這段大學室友間的對話，說明了這種混淆感：

丹：我注意到恰克最近的行為很怪異。對待別人的舉止態度很粗魯，把我們的宿舍搞得又髒又亂，還拒絕打掃。你覺得他是怎麼了？

凱文：我一點也不覺得驚訝。他本來就是爛人。

「解釋」需要分析為什麼某件事會發生。解釋是費力的工作，經常試探我們已知事物的界限。上例中的「爛人」一詞，絲毫沒有對恰克的行為做出令人滿意的解釋。當別人要求解釋某項特定行為為什麼發生時，我們往往忍不住藉由對行為貼標籤或命名，來掩飾自己忽視一系列成因的脈絡。接著，我們錯誤假設自己曉得名稱，所以知道原因。

我們這麼做，是因為透過命名來哄騙自己相信已辨視出，某人**擁有**某種特質、**是**什麼樣的人，所以對方才會出現某種行徑。舉例來說，我們不去明確指出導致某人發怒的各種內外複雜因素，像人際關係、強化父母能練習或不快樂感受等問題；我們說他**有**脾氣壞或對方**是**不友善的。這種解釋過度簡化事實，也妨礙我們深入了解有洞察力的見解。

以下例子應能讓各位提高警覺，避免犯下這種謬誤：

1. 看到父親酗酒，成年的女兒問母親：「爸最近怎麼這麼奇怪？」母親答道：「他有中年危機。」
2. 有位朋友總是擔心別人在議論自己。你向一位心理學家詢問原因，對方答道：

「因為他太偏執了。」

回答問題的兩人，對於實際的狀況都沒有提出令人滿意的解釋。比方說，父親的遺傳因子、工作壓力、婚姻緊張，都可以解釋父親酗酒的理由。「中年危機」不只不恰當，還會造成誤導。我們以為自己知道父親為什麼喝那麼多酒，其實不然。

當人們宣稱他們找到行為的原因，實際上不過是為它取個名稱時，就該提防**以命名來解釋的謬誤**（explaining by naming fallacy）錯誤。

> **小心錯誤思維！**
> 以命名來解釋的謬誤：誤以為替某個事件或行為取個名稱，就已經適當地解釋了那個事件或行為。

經驗告訴我們，過去的行為經常最能準確預測未來的行為。然而，有時我們犯下推論謬誤，是因為儘管有相信的理由擺在眼前，我們仍然錯誤假設過去的行為**不具有**好的參考價值。我們稱為樂觀主義的偏差，就是所謂的**計畫謬誤**（planning fallacy）。讓我提供例子說明，假如你或我在報告的交期前延後了交稿時間，儘管心知肚明不論延多少次，一樣無法如期交稿。同樣地，組織單位也常低估完成專案所需的時間。這種計畫謬誤可說是一廂情願的特殊產物，讓人做出過於樂觀的評估，對專案結果抱持不切實際的預期。

小心錯誤思維！
計畫謬誤：人或組織在評估完成任務所需時間時，儘管有許多前人經驗與確切時間可供參考，依然傾向低估現實。

搜尋轉移注意力的手法

試著讓受眾接受他主張的人們發現，可為主張提供防禦的方法就是頻繁地避免受眾近距離審視相關的理由。透過轉移注意力的策略，他們避免受聽眾近距離審視理由。你將會發現，找尋謬誤時，要特別警覺溝通者**將你的注意力**從最相關理由**轉移**的推論行為，將會特別有幫助。比方說，人身攻擊謬誤會把我們要得團團轉，它藉由將我們的注意力大量轉移到個人的特質，而將最小限度的注意力投注在理由的合理性上。本節將提供一些練習，說明如果我們提問：「作者是不是以轉移注意力的方式，誤導我們？」就可以發現其他的謬誤。

練習C

【競選演說】在即將到來的選舉中，你有機會選出代表這個偉大國家未來的女性。她為捍衛民主和我們的國旗而戰，為人果斷、自信又有勇氣，努力追求美國夢。她極富愛心，關心我們的孩子和環境，並曾協助這個國家邁向和平、繁榮和自由。請投這位善良天使一票，你的一票代表真理、願景和常識。

看來演說中的善良天使是個很棒的人吧，不是嗎？但是，演講中並沒有提供這位女性參議員從政的任何具體過往紀錄與現在對議題的立場。相反地，只是用一連串**歌功頌德**的字詞，企圖撥動選民內心深處的正面情感。我們稱這些歌功頌德的字詞為**光彩奪目的泛泛之論**，因為它們展現了積極光明，而且可以根據讀者的願望而代表任何意思。**光彩奪目的泛泛之論謬誤**（glittering generality fallacy）引導我們認可或接受某個結論，卻不去檢視相關理由、證據或明確的優缺點。光彩奪目的泛泛之論和亂扣帽子（name-calling）的手法相同，效果卻相反，因為亂扣帽子是希望我們不必檢視證據，就做出負面的判斷。而運用歌功頌德的詞彙，是政治人物常用的一種手法，用來轉移閱聽人的注意力，而不去看容易引發爭議的特定行為或政策。

小心錯誤思維！
光彩奪目的泛泛之論謬誤：運用含糊不清、訴諸情緒的歌功頌德詞彙，讓我們傾向於認可某件事，卻不仔細檢視理由。

接著，我們來談另一種十分常見的轉移注意力手法：

練習D

我不懂人們為什麼要對藥廠如此憤怒？它們只不過捏造了研究數據，降低了止痛藥傷害人體健康的實際危險而已。吃這些藥沒那麼糟，畢竟，每天都有成千上萬的人服用止痛藥，而且真的解除了疼痛！

此段落的真正議題是什麼？不就是止痛藥的安全性遭到誤導嗎？但是，如果讀者不夠小心，就會被轉移去注意公眾是否希望用這種藥的議題。當作者或講者將我們的注意力從原來的議題移開，就是**顧左右而言他**。許多人擅長**顧左右而言他謬誤**（red berring fallacy），如以下例子所述：

媽媽：「妳和男友出門為何不老實說？」

女兒：「妳老是找我的麻煩。」

如果女兒的技倆得逞，議題就會轉移到媽媽是不是又在找女兒的麻煩，而不是為什麼女兒晚回家。

只要你把真正的議題，以及需要哪一類證據來解決都牢記在心，要找顧左右而言他謬誤，正常來說應該都不難。

小心錯誤思維！

顧左右而言他謬誤：另提不相關的話題，把注意力從原來的議題轉開，並且藉由將注意力從論點轉移到其他議題，協助贏得爭議。這種狀況中，進行順序如下：一、正在討論話題A。二、帶到話題B，彷彿話題B和話題A有關，但其實不然。三、捨棄話題A。

這種「推論」是錯的，因為它只改變了討論的話題，很難視為主張某個論點。

以靈巧的手法來迴避問題

最後一種謬誤，騙人的手法尤其高明。有時，結論不證自明，只是改變用字遣詞，以欺騙那些一時不察的人。比方說，**主張輟學是不可取的行為，因為那是壞事**。這種說法說了等於沒說。這種主張是用結論（遣詞用字不同）來「證明」同個結論。這種論點**沒有正面回答問題**。我們來看一個較不明顯的例子：

根據學習效果來看，傳統教科書顯然優於電子教科書，因為所有教材都包含在教科書內，相當有利於學習。

同樣地，支持結論的理由，是用不同的詞彙把結論再說一遍。依據定義，傳統紙本書可讓讀者以教科書格式來閱讀。作者主張這種方式比較好，理由只有一個：就是比較好。合理的理由應該是指出傳統紙本教科書的明確優點，如保留了更大量的學習資料。

每當結論應該被證明，但結論卻**被假定為**推論時，就犯了**迴避問題謬誤**（begging the question fallacy）。當你把論點的結構大綱條列出來時，檢視、確定理由不是只用不同的詞彙重複結論，而且沒有拿結論來證明理由。

小心錯誤思維！

迴避問題謬誤：在推論中假設結論已成立的論點。

當你找到一個謬誤，就有合理的依據，拒絕接受溝通者的某些論點。但是，基於具建設性的批判思考精神，你想思考任何理由，以支持謬誤不是謬誤。但遺憾的是，一本書或一篇文章的作者並不在眼前，沒辦法和你繼續交談。但在交談時，遇到謬誤發生，要想繼續談下去，最好的方法是問犯下謬誤的那個人，是否有更好的理由來支持結論。比方說，如果發生了顧左右而言他謬誤，不妨請教對方，能不能重回原來的議題。

推論錯誤的摘要

前面我們已利用許多練習，說明了推論謬誤的許多可能。我們並沒有列出所有的推論錯誤，但這已是好開始。其他謬誤留待其餘各章討論，因為專心研讀各章的特定問題時，你很有可能自行發現。每多找到一種謬誤，請務必加進你的謬誤清單。

擴大對謬誤的認識

建議各位可以多看其他相關教科書和網站，強化對推論謬誤的認知和對推論謬誤的了解。哲學教授愛德華・戴默（Edward Damer）的《擊潰錯誤推論》（*Attacking Faulty Reasoning*，暫譯）是絕佳的參考書，可幫助讀者更熟悉推論謬誤。

確認和評估推論謬誤的線索

若對方有下列行為，你應該拒絕他的推論：

- 攻擊一個人或他的背景，而不是針對他的觀念就事論事
- 編造合乎情理的故事來混淆視聽
- 利用滑坡推論
- 想要尋找完美的解決方案
- 不當引用一般人的意見
- 引用有問題的權威專家意見
- 訴諸情緒
- 攻擊稻草人
- 製造假困境
- 以命名來解釋
- 將注意力轉移到議題之外
- 以光彩奪目的泛泛之論讓人分心
- 迴避問題
- 開始顧左右而言他

第五問：推論過程有無謬誤？

試著從以下三道練習題，找出推論謬誤。

短文1

近來，美國各州承認同性婚姻形成了一股危險的趨勢，顯見同性議題已滲透進各州議程，並影響立法機關承認合法性。自由派媒體和它吹捧同性婚姻的推波助瀾也是原因之一。相關法律破壞了這個偉大國家的道德傳統。

然而，仍有些政治人物不隨波逐流，認為同性婚姻牴觸了美國的傳統和價值觀。美國若承認同性婚姻，則距離承認其他於傳統不合的關係形態，如一夫多妻、亂倫也為期不遠。婚姻總是一男一女結合的神聖制度，應該加以維護，否則不可避免的是將導致美國人的道德淪喪。

短文2

在大學兄弟會派對上發生的零星鬥毆及性侵案引發過度關注，連帶使得媒體對兄弟會成員的報導有失公允。白痴才會禁止校內的兄弟會派對。反對的聲音大都來自所謂的邊緣人，這些人本身就討厭派對。我自己就辦過好幾次供應酒精飲料的兄弟會派對，也沒出過狀況。顯然，禁止或限制校內的兄弟會派對是沒有意義的行動。我也曾看過校外非兄弟會舉辦的派對發生了傷害事件。一旦校方禁止兄弟會派對，下一步就是禁止校內所有供應酒精的社交活動。

短文3

比爾：想要收容恐怖分子的國家，就是希望摧毀美國，這些國家都是美國的公敵。任何拒絕交出恐怖分子到美國接受司法審判的國家，顯然是站在恐怖分子那一邊。這種行為表示那些國家的領導人，無意見到恐怖分子接受審判，而比較關心藏匿殺人兇手、強暴犯、盜賊、反民主分子。

泰勒：我覺得，有親人在中央情報局（CIA）工作的人，都會講這種話。但是我認為，一旦你開始在政策和美國相左的國家貼上敵人的標籤，總有一天，幾乎所有國家都會變成我們的敵人，而我們將沒有朋友。

短文1示範回答

結論：同性婚姻是錯誤的，不該合法。

理由：

1. 許多政治人物反對同性婚姻。
2. 同性婚姻近來的合法化，是外界干預立法的結果。
3. 同性婚姻對美國的道德觀具有負面影響。
4. 承認同性婚姻，等於承認其他於傳統不合的關係形態。
5. 婚姻向來是一男一女結合的神聖制度，應該加以維護。

一開始，作者就抨擊承認同性婚姻的州立法機關，而不是直接進入議題本身。他宣稱承認同性婚姻的州數增加，是外界干預立法的結果，卻沒有研究、分析立法機關的運作。作者質疑立法機關依民意行事、甚至被媒體操控，這是典型的**人身攻擊謬誤**。

第二個理由犯了**訴諸情緒謬誤**，作者試圖讓讀者認為。美國的道德「傳統」是在同性婚姻威脅之下，最應該被守護的事物。

第三個理由則犯了**訴諸可疑權威的謬誤**。只因特定政治人物不贊同同性婚姻，並不代表讀者也應該如此。尤其，作者並未提供這些政治人物支持本身觀點的任何論點或證據。

作者主張，承認同性婚姻，將無可避免造成其他非傳統關係形態的合法化，這屬於**滑坡謬誤**。同性婚姻合法並不會自動擴及其他形態的關係。

最後的理由則假設了**假困境**——除非把同性婚姻擋在門外，否則美國大眾的道德將會淪喪。但即使禁止同婚，不也有道德淪喪的人？當同性婚姻合法化，難道沒有其他因素，如父母、家庭和學校，能灌輸正確的道德觀念？

短文2示範回答

結論：校內的兄弟會派對不該被禁止。

理由：

1. 禁止的訴求源於公眾對少數事件的過度反應。
2. 多數抱怨都來自所謂的邊緣人。
3. 一位兄弟會成員曾經舉辦供應酒精的派對，沒有任何狀況發生。
4. 禁止校內的兄弟會派對無法解決所有問題；在非兄弟會舉辦的派對上，仍會發生傷害事件和安全問題。
5. 禁止兄弟會派對將導致校內所有供應酒精的社交活動被一併禁止。

文章一開始就批評要求禁止兄弟會派對這方，卻沒有提出任何論點，犯了**人身攻擊**和**亂扣帽子**兩大謬誤。文中第三個理由呈現出**一廂情願**，而第四個理由屬於**追尋完美解決方案謬誤**。最後一個理由則可看出**滑坡謬誤**，很顯然，仍有方法禁止兄弟會派對，而不波及校內所有供應酒精的社交活動。

7 CHAPTER

證據的價值：關於個人經驗、案例、證言、訴諸權威

本章學習目標

1 知道分辨事實或意見，領略箇中美妙，並能用以評估證據來源

2 認知何謂替代證據，知道在下決論時扮演的角色與價值

第六章透過探查推論謬誤的方式，在評估說服與被說服的溝通過程中，相信各位已取得長足進步。第七、八章繼續把重點放在評估上，針對溝通者用以強化推論各種的證據，學會問對批判性問題。

事實或意見？

證據越接近事實，且非單純意見抒發時，越有說服力。換言之，我們都希望結論建立跟世界有關的陳述時，不是出於個人觀點，抑或是天馬行空地猜想什麼是真實且可信的。證據始於有系統化地蒐集和組織事實。

但是，看似遙遠的事實也會削弱說服力與正確度。歷史學家瑪麗．柏薇（Mary Poovey）的經典之作《現代事實的歷史》（*A History of the Modern Fact*，暫譯），解釋得相當清楚。我們對於「事實」的觀念，隨著人類在嶄新脈絡下運用，形式已歷經多次改變。

請想想任何與事實有關的細微差異與脈絡。以棒球比賽為例，投手投出的是好球或壞球，主要由主審決定。但好壞球一定是主審說了算嗎？換做別的主審，會不會有不同的判決？球場上的禁藥與舞弊疑雲，是否可能影響主審判決，將好球說成壞球？過往引起軒然大波的「球隊經理致電主審事件」，是否左右了主審有意或無意判出好或壞球？投球內容是否取決於好球帶範圍的變化？

現在我們至少都知道，所謂的「事實」，如「伊朗有大規模毀滅性武器」與「投手投出好球或壞球」，都一樣是可質疑的。然而，我們應該都有相同的經驗，判斷特定事實多有把握和多可信的指標是「可能性」。換句話說，事實有各種的強度和可能性。由於事實遠比真或假還要複雜，它的重要性絲毫不會減弱。強大的論點，來自強大的事實。

意見通常與事實相反，也應當如此。意見很廉價，人不用花什麼力氣就能說出或創造意見。「通心粉比葡萄乾小麥穀片更美味。」「美國企業主比蘇格蘭老闆有常識。」一個人表達意見就是在告訴對方：「聽著，別問我為什麼這麼說，我只是說出自己的意見而已。」

意見或許是開啟有效對話的第一步，但若是缺乏邏輯和正確性的理由和證據，就單純**只是**個人意見抒發而已。而且，不論是你或任何其他人，提出了值得探討的意見，我們只要找出有力的理由與證據，就可以讓自我主張趨近真實。

因此，我們如何避免只是單純提供意見，從何處找出有事實的主張呢？事實主張的來源，可靠度不一。於本章與第八章中探討的來源產出的陳述，是基於人們感知到特定事實主張，根據我們世界的特質來描述。任何從這些來源取得的證據，都有可能降低此潛在問題的可信度，身為批判思考者不可不防。

可信賴證據為何必要？

在評估推論時，我們務必記住，有些事實主張的可信度高於其他。比方，你可能覺得「大部分的美國參議員是男性」的說法滿正確的，但若換成「做瑜伽可以降低罹患癌症的風險」，就沒那麼肯定了。

由於大部分宣稱很難（並非不可能）證明**絕對**正確或錯誤，所以我們不問是否**正確**，而是傾向於問是否**可信**。基本上，我們想問的是：「**這個信念可以信賴嗎？**」支持某主張的證據品質越好、數量越多，越值得**信賴**，我們就越能稱呼它為「事實」。

比如說，現有大量證據表明喬治・華盛頓（George Washington）是美國第一任總統。因此，我們可以將這個主張當成事實。但是，像「飲用瓶裝水比自來水更安全」的信念有許多相互矛盾的證據，因此我們不能將此信念當成事實。主張被視為**意見**還是**事實**，最大的區別在於當下有幾分證據。支持某信念的相關證據越多，該信念會變得更像「事實」。表達事實本質的可替代方法是去辨認它們有多大程度是真的。

在判斷溝通內容的說服力之前，我們需要知道哪些事實主張最可信。我們如何確定可信度？可以問以下問題：

- 你有什麼證據？
- 你怎麼知道那是正確的？
- 證據在哪裡？
- 你為什麼相信那件事？
- 你確定那是正確的嗎？
- 你能證明嗎？

當你養成經常提問這些問題的習慣，就很有機會成為一流的批判性思考者。溝通者需要藉由揭露自己的論證基礎，讓論點更可信賴。但凡希望別人覺得自己論點有參考價值的人，都會毫不遲疑地回答這些問題。他們知道自己宣稱的事情夠強，因此想和你分享證據，期望你進而接納他們的結論。當人們對簡單的證據提問經常報以生氣或沉默的反應時，是因為他們明瞭沒有證據，所以覺得很難為情，正如同他們覺得應該不那麼堅信自己的信念。

當我們規律地問這些問題時，會注意到許多信念的證據不夠充分，沒辦法清楚佐證支持或駁斥的立場。比方說，不少證據支持：每隔一天服用阿司匹靈，可以降低罹患心臟病的機率。但是也有其他證據駁斥這種說法。碰到這種情況，我們需要**判斷優勢證據**（preponderance of reliable evidence）何在，以確定事實主張的可信度。

證據來源

何時應該判斷某事實主張可信？以下是最有可能同意某事實主張的三種情況：

一、主張的內容看來是毫無爭議的一般知識，例如：「舉重可以增進肌肉發達。」

二、該主張是有效論證得出的結論。

三、有好理由充分支持的主張。

本章談的是第三種狀況。要確定證據的適當性，我們就該問：「**證據有多好？**」為了回答這個問題前，我們還要必須問：「**我們所說的證據是什麼？**」

> **思辨重點！**
> 證據是溝通者明白表示的資訊，用以支持或合理化事實主張的可信度。指示性論點需要證據來支持事實主張的理由；描述性論點則需要證據直接支持描述性結論。

證據的主要類型

- ✓ 個人經驗
- ✓ 案例
- ✓ 證言
- ✓ 訴諸權威
- ✓ 個人觀察
- ✓ 研究調查
- ✓ 類比

若使用得當的話，每一類證據都會是「好證據」。證據有助於支持作者的主張。就像淘金客總會仔細檢視，尋找高品質的礦砂，我們也必須仔細檢視證據，確定其品質。我們想知道：「**作者的證據是否充分佐證其主張？**」因此，我們展開評估證據的第一步是問：「**證據有多好？**」總是謹記在心：沒有任何證據像灌籃那種必殺技，能帶來決定性的結果。你總是在尋找更好的證據；想找齊所有令人驚嘆的證據將令人受挫。

為了幫助我們決定證據的品質，本章和下一章將探討針對每一類證據，可以問什麼問題。本章探討的證據類型是個人經驗、案例、證言與訴諸權威。

以個人經驗為證

下列論點利用了特定的證據，支持事實主張。

我的朋友茱蒂每次熬夜準備考試，成績都非常好，所以在明天考完之前，我看不出一定需要睡覺。

我每次吃完一大塊巧克力蛋糕後，總覺得好多了，所以，我認為憂鬱的人就是需要多吃巧克力蛋糕。

這兩句話都拿個人經驗當成證據。每當出現這類發言：「**我認識一個人，他／她……**」和「**依個人經驗，我發現……**」你應該警覺將會出現個人經驗。由於個人經驗的記憶非常鮮明，我們援引作為證據，支持某種信念。比方說，你曾經被汽車技師敲竹槓、超收很多服務費，這段經驗很不愉快，導致你相信大部分的汽車技師都會超收。

一竿子打翻一條船，可能對也可能不對，但以這種經驗當成一般信念的基礎，卻是錯誤！因為單一個人經驗或甚至個人經驗的累積，不足以成為具**代表性**的經驗樣本。個人經驗往往讓我們犯下**輕率概括謬誤**（hasty generalization fallacy）。一個或數個令人驚訝的例子能建構出某種結果是可能的。比方說，你或許碰到幾個人聲稱出車禍時，不繫安全帶反而救了他們一命，但這種經驗無法證明其結果是**典型的**或**可能的**。所以，聽見自己或他人強調：「**根據我的經驗……**」請務必提高警覺。

> **小心錯誤思維！**
> 輕率概括謬誤：只根據群體中少數成員的經驗，就對整個大群體做結論。

以案例為證

某大型大學校長表示：「我校學生畢業後都能找到高薪工作且進入頂尖大學繼續深造。為什麼？去年我們把畢業生瑪莉・耐斯（Mary Nice）送進了哈佛法學院。瑪莉在哈佛第一年的成績高居全班前五％。因此，我校學生在頂尖名校也能拿出一流表現。」

人們常用的證據中，有一種會採用好聽好記的文字或故事，來形塑一位或多位人物或事件，目的是為了證實某一結論。這種描述經常建立在觀察或訪談的基礎上，形式從深度到淺談都有。我們將這種證據稱為**案例**（case example）。溝通者在說服型簡報的開頭，常會帶來一段具戲劇張力、活靈活現的故事，企圖對聽眾動之以情。例如，想宣導開車禁用手機，可以巧妙運用悲劇故事：主角邊開車、邊講手機而分神肇事，一群無辜年輕人死於非命。

對我們而言，案例往往頗具說服力，因為內容生動、細節有趣，讓人很容易想像。政治候選人在競選演說中，越來越愛搬出案例，因為他們深諳豐富的細節描述，可以激發聽眾的情緒。**當證據是驚人案例時，請提高警覺！**在什麼情況下，即使案例稱不上是有力的證據，卻仍然有用呢？當然有！如同個人經驗一樣，案例的**可能性**很大，可讓抽象數據變得親切好懂，容易讓人對議題產生共鳴，進而萌生濃厚興趣。

以證言為證

1. 維修中心牆上留言：「珍完全修好了我愛車漏油的問題。我強烈建議各位，愛車引擎有問題的話，找珍就對了。」
2. 這本書感覺很棒。書封上的讀者評論是：「我一讀就停不下來。」

出現在商業廣告、電影廣告、書衣背後的推薦詞，以及超自然現象等爭議性或極端罕見的生活事件存在的「證據」，大家往往利用特殊的個人經驗，企圖說服我們。他們引用特定個人的話，經常是名人，根據他們的個人經驗，傳達某個被提出的想法或產品是好或壞，或者極端罕見的事件已經發生。這些被引用的陳述都被當成**個人證言**（personal testimonial）使用。

在選擇大學時，你或許聽過某些大學生出來見證。因此，某人（經常是名人）的證言是個人經驗的陳述，用來支持某產品、活動或服務的價值，但是這種背書缺乏我們決定所需的訊息，因此難以決定受它影響的程度。

這類證據有什麼用處？通常不太管用。大部分情況下，我們應該稍微關注個人證言，除非在證據裡找到更多專長、利益、價值、偏見的內容。以下和個人證言有關的問題，都應該特別留意：

- **選擇性**：人們的經驗大不相同。想要說服我們的人，通常已經慎選好使用的證言。我們在書衣上最常看到的是**盛讚**，這並非最典型的作為。我們應該總是要問：「**我們不認識的那些人，擁有什麼人生經驗？**」而且，提供證言的人往往都是選擇性注意，他們總是特別關注能證實自己信念的資訊，對於不能證實的資訊，則視而不見。通常大家會眼見為憑！但我們的**期望**對自身體驗各種事件的方式，影響很大。

如果我們相信身邊就有外星人，或者是人類從未真正登陸月球，那麼就比較可能看到外星人的模糊影像，或是懷疑登陸月球是政府的陰謀論。

- **個人利益**：用於書籍、電影、電視產品的許多證言，總是來自可因作證而受益的人。比方說，製藥公司會出資贊助醫師的研究，只要他們以該公司藥品作為處方用藥。因此，我們必須問：「**發表證言的人與他所提倡的內容之間，是不是存在某種關係，所以證言可想而知會有強烈的偏見？**」
- **遺漏資訊**：證言極少能提供充分的資訊，作為判斷的基礎。舉例來說，有個朋友鼓吹你去看某部新片，還盛讚是「史上最好的電影」。你應該溫和地詢問，該片這麼好看的原因。我們的判斷標準，可能和那些提供證言的人不同。
- **人的因素**：證言具有說服力的原因之一，在於提出的人熱情又熱心，看來值得信賴、心地善良、老實厚道。這種人讓人不由得**想**相信他們。

以訴諸權威為證

根據醫生說法，我應該吃抗憂鬱的藥，來幫助自己對抗最近的憂鬱情緒，而且不用擔心副作用。

講這話的人是以訴諸權威的方式，為自己的主張辯護。訴諸權威，是指證據來源源自比大多數人都應該了解某一主題的人，就是所謂的專家。當溝通者訴諸權威或專家，等於相信那些人位居某個位置，能取得一般人拿不到的事實，而且有特別的資格能從那些事實做出結論。因此，仍取決於權威人士的背景，這類型訴求會比證言更有力度。我們每天都會碰到許多訴諸權威的類型，而且別無選擇、只能默默接受，由於人生如此複雜，我們沒時間也沒有相關知識去鑽研與精通不同領域。

影評人：「今年最優秀的十部影片之一。」——瓦萊麗影評（Valerie Viewer），《塔利多報》（*Toledo Gazette*）

談話節目名嘴：「經濟情勢日趨蕭條。」

機構：「美國醫療協會支持這個觀點。」

研究人員：「研究顯示……」

親戚：「我祖父說……」

宗教：「《可蘭經》指出……」

雜誌：「根據《新聞周刊》（*Newsweek*）報導……」

我們可以從這些管道獲取專家的建議，諸如減肥、變幸福、成為有錢人、降低膽固醇、養育社會適應能力強的孩子、怎樣釣一條大魚等，心願清單要多長有多長。

顯然有些專家的意見更受我們的青睞，適合當作證據。原因在於，有些專家提出觀點時，比其他專家謹慎許多。

但是請記住，由於種種原因，**權威的看法往往是錯的**。而且，他們的意見經常分歧。下例摘自由克里斯多福・賽夫（Christopher cerf）和維克多・納瓦斯基（Victor Navasky）的著作書籍《專家說》（*The Experts Speak*，暫譯），作者直言不諱指出，連專家的意見也不見得可靠。

> 「我想全球大概有五台電腦的市場吧。」——IBM董事長湯瑪斯・華生（Thomas Watson），一九四三年
>
> 「錄影帶提出市場六個月後，就不會再有市場。人們很快就會厭倦於每天晚上盯著夾板盒子看。」——戴瑞爾・傑勒克（Darryl F. Zanuck），二十世紀福斯製片（Twentieth Century Fox Studios）主管

這些引言應該提醒了我們，當溝通者訴諸權威時，我們必須提出批判性問題：「**為什麼我們應該相信這位權威**？」具體而言，我們應該問下列問題：

這位權威對於他在溝通的主題，**具有多少專業知識、培訓經歷或特殊知識？他是否研究**

此主題很長一段時間？抑或，他在這個主題是否具有廣泛經驗？

權威人士是否關係良好，能透過特殊管道取得相關的事實？比方說，他是不是第一手觀察事件，所以能提出宣稱？大體而言，**第一手消息人士**（直接參與相關事件）的可信度，應該高於**第二手消息人士**。舉例來說，《滾石》和《連線》（*Wired*）是次級資料來源，而《美國醫學協會期刊》（*Journal of the American Medical Association*）則是初級資料來源。

我們是否有好理由，相信權威人士不受「扭曲影響」（distorting influence）？可以影響證據呈現方式的因素，包括：個人的需求、預設期望、普世信念、態度、價值觀、理論和意識形態等。比方說，詢問公立大學校長教育預算減少，對大學有無不利衝擊時，他在所有可能性中回答「有」，並提出許多好理由。也許他提出的是持平之論。但是，由於他的立場，我們會擔心他是不是有可能找理由來自圓其說。

所謂偏見和成見，我們指的是在檢視證據前，對於某件事的好壞，抱持強烈的個人觀感，以至於干擾公正評估的能力。幾乎所有的判斷都含有造成偏見的諸多因素，所以我們無法期望任何權威人士抱持**完全**不偏頗的立場。但是，我們可以期待某些權威人士，有別於其他權威人士，是理性思考的清流，也能尋找是否有與權威人士涉及議題的個人利益相關資訊，試著判斷這種偏見是否存在。例如，當一位權威人士可從支持的行動中獲利時，我們就要提高警覺。

不過，我們不能只因懷疑權威人士的個人利益可能干擾公正判斷，而拒絕接受其主張。

我們可以探討權威人士的態度、預設期望、價值觀與利益是否一致。此舉幫助很大。因此，提問：「**這位權威人士是否經常提出可信的主張，而受人尊敬？**」也很有幫助。

在網路上看到事實主張時，要特別留意權威人士的素質。進入網路時代後，幾乎人人都搖身變成「權威」，因為任何人都可以隨心所欲、愛說什麼就說什麼，而且缺乏內建的客觀評估程序。這很明顯是「買主小心」的情境！

書籍、家庭用品、餐廳、旅遊景點、飯店、生意和服務的評論，逐漸提供不可信的假象，即便許多評論經常是假造的、買賣來的。研究已經發現三分之一的網站評論是假的，也就是說，評論者對於自己所要評論的對象並沒有掌握直接知識，或者具有很強的個人偏見。書籍編輯可以購買書籍評論。評論頻繁地主要服務於行銷商品，而非客觀告知消費者訊息。舉例來說，六成的亞馬遜網站的買家評論是五顆星，這暗示著具有正面評價偏差。因此，你需要去尋找證言的徵兆，籲請有信任價值的權威，而且這麼做不丟臉。

你應該盡力了解網站設立的目的、投稿者的資歷和經驗，以及支持結論的推論性質，特別要注意推論結構。檢視這個網站是否與其他有高度信譽的網站結盟和連結。

網路上不可靠的線索還包括貼文不加註日期、網站呈現不專業、主張含糊不清、用詞誇大不實（譬如，永遠、從未）、情緒化、缺乏查證、觀點一面倒、不提重大資料的來源、引述謠傳來充當證據，與出現許多推論的謬誤。最後一個重點，務必到其他網站去尋找相同主題的證據。

作者或發言者以個人經驗、案例、證言、訴諸權威當成證據，而當你發現有問題時，當然有理由對於結論存疑。曉得這些問題的存在，可以保護你不受假推論所惑。但是，別人希望你考慮的論點，理應用公正持平的態度去面對。他人提供的證據不夠扎實時，不妨建議另提更好的證據。每個論點都該一視同仁，給予反覆驗證的機會。

本章重點在於評估用來支持事實宣稱的幾類證據，包括：個人經驗與見聞、證言和訴諸權威。使用這些證據務必謹慎小心。為了檢核證據的良窳，我們已提供了你一些提問，應該可檢視證據是否是**好證據**。在第八章，我們討論其他的證據來源，正如我們持續提問：「**證據有多好？**」依賴證據強度，我們轉而關注事實或某人的個人觀察。

第六問：證據可不可信？（上）

請評估以下三篇文章的證據。

短文1

許多青少年和年輕人開始使用一種名為「Proactiv」的創新抗痘產品。這種產品的價格不會造成太大負擔，並且對改善、恢復膚質相當有效，可長期確保皮膚健康。製造商宣稱，使用者將在短短三天內感受成效。許多名人在訪談時分享了他們的心得：

茱莉安・休（Julianne Hough）：「現在我的膚質很好，人也很有精神。我覺得充滿自信。」

娜婭・里維拉（Maya Rivera）：「你需要有效的產品來抗痘，幸好我找到了『Proactiv』……」

短文2

電子菸急速開始取代傳統香菸。然而，也有些人宣稱，由於用來產生煙霧的電子菸液（e-juice）含有化學物質，使用電子菸將產生其他健康問題。電子菸真的可以取代傳統香菸，成為更安全的選擇嗎？心臟科醫師鮑伯・羅伯茲（Bob R. Roberts）表示，使用電子菸並不會產生危險的副作用。「數年來，我都推薦病人改用電子菸來戒菸，不曾看過有人因此生病。其中，『MegaVapor』是我病人最愛用的牌子。」MegaVapor是美國國內最大的電子菸製造商，近來發表一份正式聲明指出，電子菸從未在使用者身上產生副作用。在最新的訪談中，公司總裁史莫克（H. V. Smoker）表示，「沒有人比我們更了解電子菸。我們可以告訴大家，電子菸不但是比傳統香菸更安全的選擇，作為嗜好也比較安全。」

短文3

素食主義真的比吃葷健康嗎？答案是無庸置疑的！已有許多研究指出，成為素食者之後，可因改掉常吃肉的習慣而帶來許多好處。此外，不妨問問吃素的人，他們會立刻和你分享自己的減肥方式比葷食者更好。更重要的是，許多餐廳和業者正致力於開發新的素食產品和菜色選項，很顯然素食主義比肉食更健康。

短文1示範回答

結論：使用「Proactiv」可有效抗痘。

理由：名人對此抗痘產品的效果讚不絕口。

我們不該把名人現身說法當成好的「證據」。這段文章展現了證言作為證據的不足之處，以及期望的力量如何影響我們的看法。這些成功的故事是否很典型？若隨機挑選使用者詢問，大家都會如此異口同聲地稱讚嗎？這些被選上的名人是否很容易受廠商擺布？除非蒐集更多有系統的研究數據，我們不該斷定這個產品對抗痘極為有效。

短文2示範回答

結論：電子菸很安全。

理由：一位醫師和一間大型電子菸製造商宣稱電子菸很安全。

我們應該多相信這些權威？不能太相信。首先，兩個權威來源的意見可能都十分偏頗。羅伯茲醫師可能被 MegaVapor 雇用，讓他做出對產品有利的證言。若 MegaVapor 和羅伯茲醫師之間有對價關係，那麼即使電子菸並不安全，他也會基於利益而力挺。即使撇除任何可能的金錢援助，羅伯茲醫師基於個人經驗的證言仍不可靠，他可能只是沒有找出負面的證據。而 MegaVapor 的聲明就和羅伯茲醫師的說法一樣可疑，因為該公司正是電子菸的生產者及販售者，因此可透過宣傳電子菸的安全性來圖利。MegaVapor 若能提供有系統的研究來說明電子菸為何安全，或許它的宣稱會較具說服力。

8 CHAPTER

證據有多好？個人觀察 vs. 研究報告

本章學習目標

1 明瞭將個人觀察當成證據的角色和危險

2 以研究報告為證據時，了解會衍生哪些問題本章會繼續探討如何評估證據，將重點放在兩大類：個人觀察與研究報告。當遇到這類證據時，我們需要去質疑。

以個人觀察為證

這名警察開槍射殺手無寸鐵的男子，獲判有罪。儘管他聲稱自己以為受害者持槍靠近，但目擊者作證死者當時並未做出任何攻擊行為。

目擊者的證言有幾分可信？個人觀察是寶貴的證據來源之一，正如科學研究般也是大多數日常推論的基礎。比方說，我們對親眼所見充滿信心，因此常將目擊證言當作證據。然而，許多原因顯示個人觀察其實是不可靠的證據。

觀察者不像鏡子，不會提供「毫不偏頗、完全真實」的觀察結果。我們「看到」與報告什麼，都會經過價值觀、偏見、態度、早期訓練、期望等而有所不同。篩選過程，我們往往只看自己想看的、只聽自己愛聽的。選擇與記憶的經驗面向，通常會與個人背景、過往經驗最為一致；再者，許多情境都有讓你無法確切看見的障礙，如注意力不集中、事情發生太快、高壓環境等。譬如，想像你站在一個對著銀行員揮舞手槍的人旁邊，想想你的觀察是否會遭到扭曲？

當報紙、雜誌、書籍、電視和網路把觀察報告當成證據時，正如研究報告被當成證據般，你需要先確定是否有充分理由去相信這些報告。最可信的報告是依據某人最近在最適當的狀況下所做的觀察，而且這個人對於他觀察的事件，不能懷有強烈的期望或偏見。

有偏差的調查和問卷

傍晚時分，你剛吃完晚餐，電話鈴聲響起：「我們正在做一項民意調查，能不能請你回答幾個問題？」如果你說：「好。」你就會成為每年幾千人之一，參與研究調查，這是你最常碰到的一種研究方法。不妨回想，你多常聽到「根據最近的民意調查」這句話。

調查和問卷經常用於衡量人們的態度與信念，它們的可信度如何？這要看狀況而定！調查者受到許多因素影響，因此在解讀調查與問卷的意義時，要非常小心謹慎。讓我們來談談其中一些影響因素。

首先，調查回應（survey responses）要有意義，必須是誠實回答的結果。也就是說，口頭表述必須反映真實的信念和態度。然而，由於種種理由，人們往往掩飾事實真相。比方說，他們給的答案可能是自認應該給的，而非反映本身真實的信念。他們可能對問卷或所問的問題類型抱持敵意，也有可能他們對聽到的問題，可能想也不想就脫口給出答案。如果你曾經接受調查訪問，也許還能想起其他的影響因素。

思辨重點！
你不能假設，調查回應表述能夠準確反映受訪者的真實態度。

其次，許多調查擬出的問題，遣詞用字語義曖昧不明，這些問題容易有多種不同的解讀。本質上不同的人回答的可能是不同的問題。比方說，想像以下這個調查問題有多種可能的解讀方式：「你認為電視節目有品質評量制度嗎？」調查的遣詞用字越是模稜兩可，結果的可信度越低。你應該總是要問：「**調查問題如何遣詞用字？**」大體而言，問題的遣詞用字越是明確，不同的人越有可能以類似的方式去解讀。

第三，調查包含許多**內建的偏差**（bailt-in bias），更加啟人疑竇。其中最重要的兩種，是**有偏差的遣詞用字**和**有偏差的脈絡**。提問的遣詞用字有偏差是常見的問題；問問題的方式稍微改變，可能會對回答問題的方式產生很大的影響。我們來檢視最近一項民意調查的結論，然後談它的調查問題。

一位大學教授發現，在他的大學中，應答的學生中有五六％相信，歐巴馬的健保政策對美國來說是天大的錯誤。

仔細看一下調查問題：「美國前總統歐巴馬實施了國家健保社會主義政策，讓美國走錯了路，你怎麼看？」你看見內建的偏差了嗎？這個問題中，「誘導性」的措辭是「總統走錯路」與「實施歐巴馬健保社會主義」。如果把問題改成「你怎麼看待歐巴馬總統希望透過健保系統——涵蓋範圍擴大、費用更低、讓美國人民得以享受更多健保支付項目？」受訪者的回答可能大不相同。因此，這裡取得的回應是對新健保政策態度的扭曲指標。

調查資料和問卷一定要加以檢視，探尋可能發生的偏差。**仔細觀察問題的遣詞用字**。

脈絡對問題答案的影響力也很大。極為雷同的提問所獲得的答案可能因為不同的調查而不同，會依據問卷如何呈現，以及問題如何挾帶在調查中而有差異。最近有兩項調查都列出以下問題：「你認為二十一歲的合法飲酒年齡應該降低嗎？」在其中一項調查中，這問題有個前導問題：「你認為十八歲（此為現行法令規定）的青少年應有投票權嗎？」然而，在另一項調查就沒有這個問題。兩項調查獲得不同的結果，自然不足為奇。你看得出脈絡可能影響受訪者的意見了嗎？

另一個重要的脈絡因素是**長度**。在冗長的調查中，受訪者可能因為覺得疲累，對後面和對前面的問題，答覆態度可能不同。**評估調查結果時，一定要留意脈絡因素**。

因為人們回應調查的方式，受許多未知因素的影響，例如想要取悅訪談者，或者對問題的解讀不同。那麼，我們應該視調查證據為好證據嗎？關於這個議題，人們激辯不已，但我們的答案為「是」，只要小心謹慎，不要將有根據的部分過度概括就行。有些調查的聲譽比其他的調查好。調查的品質越佳，人們接受的程度就越大。

我們建議，應該先仔細檢視調查**程序**，之後才接受調查**結果**。一旦查明了程序的品質，就可自行產生**符合資格的概括**（qualified generalization），也就是人可以說明任何你可能找到的偏差。甚至偏頗的調查都是資訊豐富的，但為了不要過度假設發現，你需要了解偏差。

研究報告的可信度

「研究顯示……」

「研究人員在最近的調查中發現……」

「《新英格蘭醫學期刊》（*New England Journal of Medicine*）的報告指出……」

研究調查是指受過科學研究訓練的人，以系統化的方法、密集性的觀察來蒐集資料，而且經常被高度視為證據的一種。研究發現的可信度如何？和訴諸任何權威一樣，在我們提出許多問題之前，無法判斷研究發現的可信度。

我們的社會已經轉而借重科學方法，作為確認事實的重要指引，因為世界上各種事件的關係非常複雜，也因為人的觀察，以及對這些事件提出的理論，容易犯錯。科學方法企圖避免我們在觀察世界、直覺、常識中出現的許多內建偏見。

科學方法有什麼特別之處？最重要的一點在於，科學方法找的是**可公開檢驗的資料**，也就是由其他合格人員進行類似的觀察，也能得到相同結果的情況下，所取得的資料。因此舉例來說，有位研究人員報告可在實驗室中進行進行核融合（cold fusion），如果其他的研究人員重複相同的實驗，並且得到相同結果的話，我們對其主張的信心就會大增。換言之，我們更信賴科學研究的原因，在於這類研究都是可複製的（也就是，可重複）。

科學方法的第二個主要特性是**控制**，也就是利用特殊的程序，減低觀察和解讀研究發現時的錯誤。比方說，如果觀察偏見可能是個大問題，那麼研究人員可能利用多位觀察者，探討他們彼此所見是否一致的方式，來控制這一類的錯誤。物理科學家往往在實驗室研究問題，盡其所能加以控制，以求將外來因素的影響降到最低。遺憾的是，人類社會世界通常比物理世界難以控制，因此，複雜的人類行為問題很難成功地應用科學方法。

語言精準是科學方法的第三個主要要素。概念往往混淆不清、隱晦不明、模稜兩可。科學方法使用的語言，總是求其精準和前後一致。

雖然限於篇幅，我們無法深入討論科學，但希望你記住：若科學研究執行得宜會是最好的證據來源之一，因為它強調可複製、控制且準確。

研究報告的問題

不幸的是，針對一個問題進行研究時，研究證據不見得值得信賴，也無法保證證據意義的解讀是否正確無誤。和訴諸任何來源一樣，訴諸研究證據時必須審慎面對。而且，有些問題，尤其是針對人類行為，即使有最好的證據，也只能提出暫時性的答案。因此，我們必須對研究調查問出許多重要的問題，才能決定要多信賴它得出的結論。

當溝通者訴諸研究調查為證據來源，請牢記以下各點：

1. 研究報告的**品質**差異很大。有些研究調查做得很好，有些做得很差，我們應該比較信賴前者。由於研究調查的過程相當複雜，容易遭受許多外界因素的影響，連受過良好研究實務訓練的人，所做的研究調查有時也難免發生重大瑕疵。在科學期刊上發表的文章，不能保證絕無重大的缺失。
2. 研究報告經常相互牴觸。因此，**單一**研究報告呈現出眾多相關研究的脈絡，其中調查問題經常提供了錯誤的結論。最值得我們注意的研究發現，是已經由一位以上的研究人員或一組以上的研究人員重複執行的研究。許多宣稱無法被重新測試，而且有許多再度測試後，無法複製原始的結果。比方說，在知名醫學期刊中，發現努力重新測試被高度評價的成功醫學界入壓倒性的研究中，有四一%原始宣稱錯誤或過度誇大（請見二〇一〇年十一月的《大西洋雜誌》〔*Atlantic Magazine*〕中的〈謊言、需求和醫療科學〉〔Lies, Damned Lies, and Medical Science〕）。我們一定要問：「其他的研究人員是否已經確認這項發現？」

3. 研究報告**並沒有證明**結論。頂多只是**支持**結論而已。這樣的研究發現不會為自己說話！對於自己的研究發現，研究人員必須**詮釋**意義，而所有的發現，都可以用一個以上的方式去詮釋（請見第七章）。因此，研究人員的結論，不應該被視為已經得到證明的「真相」。當你看到「研究發現顯示……」等陳述時，你應該將之重新詮釋為「研究人員解讀他們的研究發現，指出……」

4. 研究人員和我們一樣，有自己的期望、態度、價值觀和需求，這都會影響他們問的問題、執行研究的方式、解讀研究發現的方式，因此難免有所偏頗。比方說，科學家往往對某個特定的假說投入感情。單一研究報告呈現出眾多相關研究的脈絡，其中調查問題經常提供了錯誤的結論。和所有容易犯錯的凡人一樣，他們可能很難客觀地對待與那個假說衝突的資料。科學研究的一大優勢是公開發表程序與結果，以利他人判斷研究的價值，然後依樣畫葫蘆進行研究。但是，不管科學報告看起來有多客觀，總有一些重大的主觀成分摻雜其中。

5. 作者或講者經常扭曲或簡化研究結論。原始研究者應得的結論，和溝通者利用證據以支持他的信念之間，可能存在嚴重的不一致。舉例來說，研究人員可能在原始研究報告上，慎重其事地限定本身結論的條件，但別人使用他們的結論時，卻可能不提相關的條件。

6. 研究「事實」會隨時間而變，尤其是與人類行為有關的事。例如，以下所有研究「事實」，都由知名科學家提出，也都被最新研究證據「推翻」了：

- 根據大多數憂鬱症病例，服用百憂解（Prozac）、樂復得（Zoloft）、百可舒（Paxil），比安慰劑有效。
- 吃魚油、運動、玩拼圖可以預防阿茲海默症。
- 麻疹疫苗導致自閉症。

7. 研究報告的人為干預比重不一。為了達成控制的目標，研究調查往往失去真實世界的若干特質。研究調查的人為成分越多，越難從研究調查概括到外部的世界。研究調查帶有人為成分的問題，在研究複雜的社會行為時尤為明顯。例如，社會學家會請受試者在房內玩電腦遊戲，藉此測試推論過程。研究人員企圖找出原因，了解人們為何在不同情況下會做出某些決定。然而，我們該問這個問題：「坐在電腦前，思考假想情境的問題，會不會太假？根本無法得知人類在遇到真正難題時，會怎麼做決定？」

8. 資金、身分地位、安全保障等的需求和其他因素，可能影響研究結果和決定哪些研究被出版。研究人員也是人，不是電腦，因此很難完全保持客觀。例如，希望透過研究產出某些結果的研究者，或許比較會從他希望的方向來詮釋，進而發現預期的結果。獲得贊助、終身職和其他個人聲譽的壓力，最終可能會影響研究者如何解讀他的資料。舉例來說，獲得某大藥廠直接贊助的研究人員，和與藥廠缺乏私人關係的聯邦政府機構研究人員

以研究報告為證

贊成

- 科學研究易受公開可驗證性（public verifiability）影響。
- 研究透過使用監控，將外在因素的影響減至最小。
- 科學研究精確，以及科學研究的語言一致。

反對

- 研究的品質與人為部分，差異很大。
- 研究發現常會互相矛盾，事實會隨時間改變。
- 研究發現只**支持**結論。
- 科學研究畢竟是人類活動，可能會被扭曲，也無法避免主觀性。

比起來，前者較常發現的藥品具有正面的療效。

看得出來，研究證據雖然具有許多正面的特質，但我們不能匆促地接受研究結論。然而，你也不能因為還有一**些**疑問，就完全**拒絕**有科學論證基礎的結論。確定性經常是不可能達到的目標，但所有結論的不確定性卻不會完全相同，因此，我們應該比較願意擁抱某些結論，更甚於其他結論。因此，在研究宣稱和自己信念時的批判性評估時，請你務必特別小心提防在下某些結論時，推論錯誤上的確定性要求，因為某些確定性是不可期待的，我們將它命名為**不可能確定謬誤**（impossible certainty fallacy）。

> **小心錯誤思維！**
> 不可能確定謬誤：如果研究結論不是百分之百確定，就應該加以否絕。

評估研究報告的線索

針對研究發現，可以問一些問題，以確定研究報告是否為可信的證據。

1. 報告來源的品質為何？

一般來說，發表在有同行評論的期刊文章，以及經過一連串相關專家檢視之後才接受的研究，是最可靠的報告。大體而言（但不見得總是如此），來源的聲譽越高，研究調查的設計越好。所以說，務必盡你所能，確定報告來源的聲譽。

2. 除了報告來源的品質，溝通時是不是有其他的線索，足以顯示研究執行得很好？

比方說，該報告是否詳細說明研究的特殊優點？不幸的是，我們從熱門報章雜誌、電視節目與部落格上的研究報告中發現，提供的細節往往不足，因此無從判斷研究品質的優劣。

3. 研究時間距離現在多久？是否有理由相信研究發現已隨時間改變？

許多研究的結論會隨時間改變。例如，一九八〇年的憂鬱症、犯罪、心臟疾病原因，與二〇一四年的大不相同。

4. 該研究報告是否曾經由其他研究來重複執行？

當在設計良好的研究中，一再持續發現某種關聯性，例如抽菸和癌症之間的關係，那麼我們就有理由相信，至少直到不同意的人提出具說服力的證據之前，抽菸與癌症之間具有某種關聯性。

5. 溝通者挑選研究發現的選擇性如何？

例如，結果相互牴觸的相關研究報告是否遭到刪除？研究人員是否只選擇支持自己觀點的研究調查？

6. **有無提出強義批判思考的證據？**

講者或作者是否對先前支持他觀點的研究，抱持批判性的態度？研究的大部分結論，由於研究限制，所以必須說明限定條件。溝通者是否願意說明限定條件？

7. **某人是否有扭曲研究的理由存在？**

如果研究人員**需要**尋找某類結果時，我們就必須提高警覺。

8. **研究報告的條件，人為成分是否太高，以致遭到扭曲？**

你總是要問：「執行研究調查時設定的條件，和研究人員想要推廣施用的狀況，類似性如何？」

9. **以研究樣本而言，我們可以概括到什麼程度？**

因為這是重要的議題，下一節將深入探討這個問題。

10. **調查、問卷、評比（ratings），或者研究人員使用的其他衡量方式，是不是帶有任何偏見或扭曲？**

我們必須相信研究人員已經準確地衡量他想衡量的事物才行。存有偏差的調查和問卷常見於研究中，我們將在稍後更詳細地討論。

以研究樣本來概括

講者和作者常用研究報告來支持推論，也就是**普遍上**來說，對**事件**的主張。比方說，「研究顯示有七成五的癌症病患接受此藥治療有效」。這並非概括，但「此藥治療胰臟癌」即是一種概括。大多數公開的概括，都應審慎檢視有無過度推論的可能。稍後將說明原因。

抽樣方式為首要之務，據此決定我們可以概括到什麼程度。概括研究發現的能力，取決於研究報告中人或事件的**數量**、**廣度**（breadth）與**隨機性**。選擇要研究之人或事件的過程，叫做抽樣（sampling）。

因為研究人員無法研究想概括的一切人事物，因此必須先決定抽樣方式，而且有些方式較適合。評估研究樣本時，你必須留意以下重點：

1. 樣本數必須夠**大**，合理化概括或結論時才站得住腳。大部分狀況中，研究人員觀察的事件或人越多，結論越可信。如果我們想得出關於大學生常請別人捉刀，幫忙寫學期報告的整體信念的話，那麼調查一千位大學生比只調查一百位要好。
2. 樣本必須針對結論所要談的事件種類，具備足夠的**廣度**或多樣性。比方說，如果研究人員想要概括大學生普遍的飲酒習慣，那麼他們的證據，應該根據各種不同大學環境中的各種不同大學生樣本而來。

3. 樣本越**隨機**（random）越好。當研究人員隨機抽樣，試著確保想要概括的所有事件，**有同等的機會**被抽到，他們希望避免有偏差的統計樣本。舉例來說，蓋洛普（Gallup Poll）等大型調查公司，總是採取隨機抽樣的方式。如此可以讓他們避免只選到特質有偏差的一組事件或人。你看得出以下各個樣本特質有偏差嗎？

a. 自願受訪談性愛頻率的人
b. 只有室內電話的人
c. 修基礎心理學的學生
d. 只收看特定電視台的觀眾，如福斯（Fox）或微軟全國廣播公司（MSNBC）

因此，我們必須問所有的研究調查：「**他們抽樣的事件或人有多少？樣本的廣度多大？樣本的隨機性如何？**」

溝通者常見的一個問題，是忽略抽樣所受的限制，而過度概括研究發現。他們概括的廣度，遠比研究所能合理推估的範圍還大。第七章曾把這種**過度概括**的行為，稱為**輕率概括謬誤**（hasty generalization fallacy）。我們來詳細討論以下過度概括的一個例子。

使用線上交友服務的人，往往都能成功找到好伴侶。研究人員針對二百二十九位年齡十八到六十五歲的人做了線上調查，受訪者全都是線上交友網站的會員。調查中詢問受訪者最早的網路交友情形。研究報告顯示，受訪者與「網友」第一次見面後，九四%的人會有第二次約會，交往時間平均維持至少七個月。

上述抽樣過程無法做出廣泛的概括。這分報告暗示結論是出自**大多數**使用線上交友服務的人，但實際上只針對一個網站進行研究，而且樣本數只有二百二十九人。此研究沒有說明樣本數是怎麼來的，調查的隨機與廣度也無從得知。例如，自願參加調查的人可能都很擅長談網戀。這是一份有瑕疵的研究報告，因為過度概括的情況太嚴重。

思辨重點！
我們只能把研究調查，概括到類似的人和事件上。

以研究方法來概括

所有研究都要決定如何測量他有興趣的行為。比方說，研究者想研究教學技巧可否提升批判思考的學習，必須先決定如何測量批判思考。如同許多概念（concept），批判思考的定義與測量方式所在多有。因此，任何結論只能適合它特定的測量方式。因為測量概念的方法也很多，某研究得出的結論只會適用此研究選用的調查方法。許多不同的工具可以組合來測量重要行為，包括問卷、檢查表、意願調查、行為等。有些行為測量指標的效果公認最佳，例如，測量批判思考技巧時，請受試者寫一篇批判論文，遠比要他們作答選擇題來得好。同理可證，在研究幸福成因的諸多報告中，對於幸福測量指數的定義，可能南轅北轍。

由於研究結果只能概括到相對應的測量方法，因此當我們嚴格評價某研究報告時，需要質問：「研究人員如何測量他們有興趣的概念，測量方式是否令人滿意？」為了達到批判思考也需要我們盡全力給出滿意的答案。舉例來說，研究人員想測量孩童延遲享樂（delay gratification）的能力，便藉著發給他們一粒棉花糖，觀察他們選擇一口吃掉；還是能忍着不吃、十五分鐘後就能多吃一粒。這時我們需要問：「棉花糖是測量延遲享樂的良好誘因（測量工具）嗎？如果換成別的誘因，像是由家長來判斷，結果會不會改變？」

評估研究報告時，總是要提出這個問題：「此研究運用何種測量方式、成效是否令人滿意？」同時也要切記：研究結果只能概括到其所用測量方式。舉例來說，有個研究要求受訪者填寫「你有多快樂？」調查表，並得出結論：「已婚者比單身者快樂。」這種研究可用一句話來定義：**有鑑於快樂是針對自陳問卷**（self-report questionnaire）**的一次性回應**（one-time response），故得證：已婚者比單身者快樂。如果你不同意此定義假設，就不會接受此結論！所有研究的批判性評價都有一個重要因素：研究中用到的測量方式，是否能妥善掌握目標概念的意義。熟悉研究人員針對某特定行為所用的各種測量方式，有助於判斷測量方式的好壞。例如，有些研究人員測量快樂的方式是要求受試者每天自我檢測好幾次快樂指數。

決定使用何種測量方式較能滿足研究，所需的技巧判斷已超過本書的討論範圍。然而，只要確認測量工具有哪些、試著想像自己是接受檢測的人，和切記研究結果只能概括到其所用的測量方式，這點就能讓你能明瞭研究結果都是有限制的嘗試。站在研究報告參與者的角度思考，有助於培養洞察力。

面對任何研究報告，務必提出兩個問題：「**測量方式的滿意度高嗎？**」以及「**還有其他方式可以測量此概念嗎？若有的話，結果也會隨之改變嗎？**」

放心相信專家意見的時機

根據先前討論，在你接受專家的結論之前，需要先提出問題。現在各位應該都很清楚，專家往往會犯錯和混淆視聽。可參考大衛・傅利曼（David H. Freedman）的著作《錯誤：專家為何總是失靈》（*Wrong: Why Experts Keep Failing Us and How to Know When Not to Trust Them*），面對令人充滿疑問的專業領域，何時可以放心相信專家所言？以下列出可供判斷的訣竅：

- 評估建議時，避免受到系統一思考的影響。
- 讓思考作主，情緒尾隨其後。你會相信某意見，是因為它的真偽已獲證實、有理有據，並非憑直覺判斷，也不是受到新奇有趣所惑，更不是該意見證實或拆穿了其他信念，或是你靠著它辯贏別人，讓別人站在「你這邊」。當你想馬上分享臉書或推特上某人的意見時，請視為警訊並提醒自己**等一下**，然後切換成系統二思考模式。
- 你提出自己學到要問的批判性問題，該意見通過審查。例如，該建議獲得你認可設計精良、沒有利益衝突的研究報告所支持。
- 陳述符合資格的說明。
- 並非普世通用，且承認具有應用廣度的限制，像結論所適用的個人本質為何？此專家意見並沒有過度概括。
- 此專家意見呈現在更大的研究脈絡之下。證據並非出於爭執，而且研究發現並非可應用於所有人。許多其他研究也執行過同樣研究，有些支持研究結果，有些駁斥研究結果或部分研究結果。最可信的研究並非出自單一、最引人注意的研究，而是由許多專家經過一段時間的研究所形成。出自單一研究的結論讓人高度懷疑，且經常是錯的。
- 受到其他權威專家嚴格審視，仍屹立不搖。
- 你找到了深度分析討論研究主張的資源，如雜誌、書籍、期刊，以及引發更廣泛思辨討論的網站或部落格。

顯然，想深入評估所有專家意見是不可能的。唯有你人生中擁有越多參照價值專家意見，你越能獲得可用的證據來深度學習。

研究和網路

現在是二十一世紀，我們懷疑你們與《辛普森家庭》（*Homer Simpson*）的科技白痴角色荷馬之間的差距，得用光年來算，因為他大驚失色問道：「現在的電腦都有網路了喔？」如果你準備寫作卻不懂得善用網路，我們也會跟荷馬一樣吃驚。網路徹底改變了我們大多數人蒐集證據的方式，獲得的資訊以驚人速度增加。面對史無前例的巨量資訊浪潮，我們該怎麼權衡取捨？我們不得不思考自己蒐集到的資料，加強質疑這大量的證據。牢記這些建議，可幫你解決網路研究特有的難題。

本章先前討論過調查作者背景的重要性。現在要督促各位利益不同可能帶來的偏見或衝突。為了衡量權威觀點的分量，我們需要了解對方的身分和可能存在的偏見。人氣很高的諷刺新聞網站「洋蔥頭」（The Onion），展現出網路怎麼讓上述過程變得異常困難。二〇〇八年該網站上出現了一篇名為〈當地第一蠢上網留言〉（Local Idiot to Post Comment on

Internet）的假文章，作者引用「當地第一蠢」透露玄機時所說的話：「今天晚上，我打算看看那支引起熱議的影片，點擊影片上方專為用戶評論設置的『回覆』鍵，開始草擬回文，小心翼翼地盡量不用腦，全用大寫字母，還亂用標點符號……雖然我到現在也說不清楚我的評論裡會有哪些具體內容，但可以保證絕對蠢到爆。」但願網路上所有撰文者都能這樣直言不諱！

當我們在文中提供網路參考資料時，調查資料來源的可信度顯得更為重要。網路常被比喻為美國舊西部（Wild West，即美國國土擴張時期）。小鎮上沒有警長約束民眾，規定只能由德高望重的人發表真實公正的聲明。而目前的網路形式相對而言較無拘無束。任何人都能架設網頁或部落格。網站可能看起來值得信任，但是站長或格主卻可能隱藏某種企圖。

哪怕你決定有位網路作家值得相信，也應該要多多提問。因為，網站上沒有警長維持秩序，可疑或造假的證據能輕易上線。美國喜劇頻道喜劇中心（Comedy Central）的嘲諷大師史蒂芬・柯貝爾（Stephen Colbert）想告訴大眾，網路上出現假消息的頻率有多高。他在自己的脫口秀節目《柯貝爾報告》（*Colbert Report*）某一集中，編輯了維基百科全書。五小時之內，維基詞條顯示喬治・華盛頓（George Washington）**沒有**蓄養黑奴、非洲大象的數量在過去六個月增長了三倍。（想知道新聞網站洋蔥頭怎麼挖苦這個值得關注的問題，可參考二○○二年的〈網路上的事實錯誤〉（Factual Errors Found on Internet），文章開宗明義說道：

「資訊時代在本週一狠狠被打臉了，網路上出現了一個事實錯誤。」為了防止這種問題，應避免使用沒有具體出處的證據。花點時間查看資料的原始來源。當某篇文章的部分文字被張貼或引用時，推文者可能誤解了原意或斷章取義。

寫文章或擬講稿時最令人興奮的一個環節是，蒐集並組織所有證據，來證明自身重點。證據越好，訴求的說服力就越高。在第七、八章中，我們關注如何評估他人論點中引用的證據，以便幫助自己決定哪些論點合理可信。讓我們逐一複習自己學過的重點，這同時也是寫作、口說不可或缺的關鍵。

一、證據是由溝通者提供清楚明晰的訊息為了支撐論點。
二、好論點都具備高品質證據，而高品質證據是——相關的、充分的，且具代表性的。
三、假設也需要證據。
四、幾乎沒有證據是完美無瑕的。因此，我們想尋找的是具備更好證據的論點。
五、大多數單一證據都需額外佐證，才具說服力，不論是證言、案例或直覺等。
六、科學證據具備成為更好證據的可能性。

但是，好作者並非只用最好的證據。所以，我們想針對寫作、口說加上第七點：有其他證據支持的感性訴求（emotional appeal）也可以當成我們合適的證據。因此，有時我們選用的證據未必可信度最高，卻有強大的文字感染力。感性的證言、個人故事、隱喻、敘事、引言等，都能成功達成吸引讀者關注較艱澀論點的目的。因此，我們不會捨棄感性訴求，只不過想要有效結合高品質的證據。因此，當你是作者和講者時，把這一點加入清單。

七、謹慎使用想與讀者交心的證據。

在前一章與本章中，我們評價了多種證據，而提到的注意事項也同樣適用於寫作和口說。不過，還有一些額外的議題，寫作與口說時務必放在心上。

首先，許多人都發現，在我們評價他人證據的品質好壞時，都能輕鬆刪去他人親身經驗或個別案例的證據。只不過如果是自己或親朋好友的親身經驗，我們往往比較容易看成高品質證據而信以**為**真。儘管事實上，當別人提出同樣類型的證據時，我們會拒絕這種價值。請務必小心看待這種傾向。如果我們的經驗與直覺都能高人一等、足以成為高品質的證據的話，感覺當然很好，只不過事與願違，事實並非如此。相反地，我們也必須撇除直覺、個人或親友的經驗，找到真正支撐自我主張的好證據。

再者，大多數大學生在準備寫作與演講題目時，都不是該領域的專家，因此，高度相信所謂的專家，實屬人之常情的這種傾向，同時也造成我們高度依賴研究報告與權威意見。一旦我們能在研究報告或權威意見中找出好證據，也請明瞭這種例子並非總是或經常發生。

接著，讓我們來首先探討在論點中把科學證據當成證據使用。正如我們前面所述，盡可能想完善證據的科學研究是最讓人信賴的。但**何時能做到最完善**的警告是值得不厭其煩的再三強調。即使是科學研究，也有欺瞞、結構鬆散、誇大的嫌疑或事實，尤其是讓人無法不起疑心的背後金主。如同先前提醒過的，研究發現很容易互相矛盾。不過別擔心，我們握有寫作、口說人士專有的利器，可以克服科學研究的種種限制。

儘管確認科學研究的高可信度很難，但大多數專業科學出版品都會試圖幫讀者去除所謂的限制。一般而言，引用持續性的科學來源所做的研究作為證據，通常萬無一失。為了提高選到好證據的機率、評估證據是否適用自身論點時，請隨時翻看202頁的「評估研究報告的線索」。切記，儘管你眼前的研究符合本章提到的所有條件，仍舊必須回到論點本身。

除了研究報告之外，我們都會求助某個主題的專家或權威，來支持自己的主張。我們很難不被看似各領域的專家或權威所說服，但是特別是處於網路發達時代，想確認某人是不是真正的專家或權威，越來越難了。現在已是人人都可自稱專家的時代。

讓事情更困難的是，研究顯示，當我們一旦被貼上專家標籤，對於自身信念會更加堅持，難以容納歧異。如果該研究屬實（務必先看證據再來判斷是否屬實！）意味著所有專家都令人存疑，因為他們不願考慮其他觀點。遺憾的是，由於我們所處的文化環境，對於改變意見的人通常不太寬容，會以「牆頭草」或「偽善者」來稱呼，卻忽略了新證據產生並非自然而然，且當證據支持時，人們確實改變意見是負責任的表現。

訴諸專家意見還有其他限制——人傾向相信和自己意見相同的專家。身為作者或講者，應對此現象提高警覺。為免受到個人偏見影響，正反兩方的意見一樣重要，應使用同一套標準同時檢視相反的意見，並從中找出有用的證據。當然了，如果另一方的證據確實比我方更好也更有説服力，要心悦誠服地接受並非易事。

一旦我們決定接受關於某主題的專家或權威審慎驗證、提出的觀點，也認同他們的結論沒有重大漏洞時，就能引用來源並當成證據。不過在此之前，應全程以高規格、高標準來評估。

找出高品質證據是理想境界。但在現實世界中，許多時候要找出真實可信的研究報告很難，或者想確認撰寫該報告的人是貨真價實的專家，也非常困難。我們可能得退而求其次，將就一下。在許多説寫的過程中，我們並不能保證自己找到最好也最值得信賴的證據。因此，我們應坦然接受入口網站提供的資料比較可靠。舉例來說，如果你可以進入大學圖書館的線上目錄（online catalogue），請先從那裡開始，不要只依賴 Google 和其他搜尋引擎，因為圖書館已先替使用者初步篩選過資料了。

其他可應用的過濾方式也包括繞過個人網站或部落格，除非我們知道且尊敬那位作者地位的背景。同時，上網搜尋作者出版過的作品，有助於判斷他們的專業程度。如果作者的作品涵蓋處方用藥、運動、文學與科技，一方面意味著他涉獵範圍很廣，人很有意思，但也有很大的可能是，對方在任何上述的領域中都不是專家。換句話說。如果作者針對同一主題有六或七本著作，而且其中幾本還是透過圖書館入口網站連上的，那麼就有很高的程度我們找到可信賴的對象了。

找到好證據，顯然對作者或講者來說都是一道難關。我們該怎麼知道自己手上的證據比較好？又該怎麼解決論點中曖昧不明之處？如同先前所述，百分之百保證證據為真幾乎不可能做到。所以，就要努力在書寫和演說時，應用批判思考技巧，我們該慶幸還有這種策略——審慎研究反方的論點，可避免自己提出愚蠢可笑的論點。

寫作或演說讓我們有機會應付一些對立研究或替代發現，同時有理有據地探討我們為何最後決定棄之不用或選用。這很有潛力成為論點中最有說服力之處，因為我們預期閱聽眾可能會批評，所以先稱職地讓他們知道，可用來攻擊我們的論點不夠強大。文章或演說這部分若做得好，會非常有力量。

最後，各位可能已在我們的寫作部分留意到，歷經：提出主張、定義曖昧不明語言、提供理由、檢視假設後，卻在進入找證據階段時，找不到任何足以支持自身主張的有效證據。這種情況會讓作者失望透頂：有時我們原本相信也決定守護的信念，竟然通不過證據審核的階段。這實在令人抓狂！到了這個地步，我們還能怎麼辦？許多學生會不管三七二十一就繼續使用薄弱的證據，例如，許許多多個人例子或證言來證實自己的論點。因為他們不想看到努力至今的心血白費，也不想放棄自己堅持已久的信念與結論，儘管沒有足夠的證據也在所不惜。

事實上，也有研究顯示，當所有證據都反對某種看法時，許多人反而會更熱烈地支持。所以，如果你認為自己是這樣的人，你絕對不孤單。但是，你應該也很清楚，批判思考者不會有這種心態與作為。在精進寫作技巧的同時，也必須一再考驗自身的觀念或信念。毫無意外，經不起考驗的事物會消失，這都無妨。在發展意見與信念的過程中，捨棄無用且無效之物乃必經環節。大多數人應該會更偏好守護經過審核驗證過的信念。所以，不論你對結論多有感情或有多喜愛自己提出的理由，只要找不到足夠有效的證據來支持，最好的選擇就是將這些當成學習經驗並謹記教訓，然後果斷重頭來過。

第六問：證據可不可信？（下）

評估以下各篇練習文章，探討所提供證據的品質好壞。

短文1

酒精中毒症患者的子女是否也較可能變成酒精中毒症患者？為了回答此問題，研究人員從匿名戒酒會（Alcoholics Anonymous）抽樣調查了四百五十一人，請他們回答問題：自己的父母親或者兩者是否為酒精中毒症患者？研究樣本來自俄亥俄州（Ohio）、密西根州（Michigan）及印第安納州（Indiana），他們是志願參加戒酒會的成員，並由各地匿名戒酒會主持者進行調查。

研究結果發現，七七％受訪者認為他們的雙親或其中之一是酒精中毒症患者。同時，也從上述三個州隨機抽樣四百五十一位聲稱自己是偶爾喝酒的人，進行相同的調查。在這群偶爾喝酒的人當中，有二三％認為自己的雙親或其中之一是酒精中毒症患者。

短文2

何不允許年滿十八歲的人購買酒類？除此之外，其他年滿二十一歲的人能做的事，他們也都能做，包括投票、從軍、開車和獨立生活。

短文3

藥用大麻可能會讓癌症病患的治療有效邁進一大步。有人主張，藥用大麻合法化將會助長藥物濫用，我想反問，「證據在哪裡？」上個月，在底特律（Detroit）和密西根共有七十五人接受訪談，針對藥用大麻合法化是否會使他們所在的州出現更多藥物濫用者，詢問他們的意見。其中九三%的人並不這麼認為。因此，我國國會議員應立法核准大麻合法化。

短文1示範回答

結論：酒精中毒症患者的子女比非患者的子女更可能罹患酒精中毒症。

理由：與未罹患酒精中毒症者相比，酒精中毒症患者中，認為自己的雙親或其中之一罹患酒精中毒症的比例更高。

請注意：研究結果來自單一研究報告，且未說明這些結果在此研究領域的代表性。我們也無從得知研究報告是否公開發表，因此無法判斷發表前審查的嚴謹程度。但我們可以針對報告提出一些有用的問題。樣本數相當大，卻廣度受質疑。雖然有一個以上的州作為樣本，但是這些州裡的匿名戒酒會成員是否足以代表全美的酒精中毒症患者？此外，參加戒酒課程的人和未參加者又有什麼不同？或許最關鍵的抽樣問題，在於缺乏隨機樣本。雖然在這三個州找到、自稱為非酒精中毒症患者是以隨機抽樣取得，而匿名戒酒會成員卻是志願報名的。志願出面談及父母的人，與非志願者是否有很大的不同？若兩者間存在差異，那麼抽樣就有偏差。

評分量數的準確度如何？首先，此刻在匿名戒酒會回答研究的酒精中毒症患者，文中並沒有明確的定義。此外，也沒有告知我們可供受訪者評估父母是否為酒精中毒症患者的任何評量標準。因此，我們無法確定某人是酒精中毒症患者的判斷是否正確。同樣有疑問的是控制組，所謂非酒精中毒症患者根據的是自由心證。我們都知道，不酗酒才是社會所認可的答案，因此人們會傾向給出能被接受的回答，而這種傾向可能造成所謂控制組的抽樣偏差。我們希望進一步了解這些評分的準確度，才能對結論產生信心。

短文2示範回答

結論：年滿十八歲應可合法購買酒類。

理由：年滿十八歲的人和已可合法購買酒類、年滿二十一歲的人並無差異。

首先我們會注意到，理由是建立於比較之上。文中利用大家所熟知的、年滿二十一歲所享有的權利，讓讀者理解某種程度很類似的情況。年滿十八歲和二十一歲的人享有許多相同的權利。然而，最顯著的差異是，在心智發展和承擔責任的層面上，前者之中有許多人仍不及後者。若我們假設這種差異會影響十八歲的人購買酒類的自制力，那麼，此差異就足以讓我們否定用來導向結論的類比。

9 CHAPTER

是否還有「另一個成因」？

本章學習目標

1 開始理解普遍存在的對立成因
2 清楚如何有效揭露對立成因
3 針對混淆不明因果關係的頻率與危機有敏感度，培養感知力
4 討論對立成因時，對如何與人互動有效保持敏感

我們先來說個故事：

有個好奇心很強的小男孩，注意到太陽早上會在天空出現，到了晚上就消失。他很困惑太陽究竟去了哪裡？於是仔細觀察夕陽，卻仍然無法弄清楚太陽跑去哪裡。接著，小男孩注意到，來照顧他的保姆也是在早上出現，晚上離開。有一天他問保姆晚上去了哪裡？保姆回答：「回家呀。」連結保姆的到來和離去正巧是白天和晚上的轉換時間，小男孩下了一個結論：是保姆的離去讓太陽回家了。

這個故事清楚說明了證據運用上，常遭遇的一項困難——設法了解什麼原因造成某事發生。除非我們事先了解引發現象出現的歸因形態，否則，就無法確定自己是否能使用有智慧的方法來避開問題或鼓勵特定的正面結果出現。舉例來說，我們很想知道二〇〇八年全球金融危機爆發的原因？或者是**為什麼**在過去十年裡，肥胖率持續飆升？

此故事也顯示了，我們很難使用證據去證明某件事造成另一件事，就是**對立成因**（rival cause）問題。故事裡，虛構的小男孩對自己的觀察做出了一種解釋：因為保姆回家，所以太陽到了晚上就下山。他的「原因」看起來合理，而且也有幾分道理。但是，我們期待你可以找出另外一種非常合理解讀太陽下山的方式。

雖然對立成因極少像我們的故事那麼明顯，但是你常會看到某些專家提出一種假說，用以解釋某些事件或研究也有其他合理的假說。一般來說，這些專家不會向你揭露對立成因，因為他們希望避免你去分神關注與自己宣稱有關的完美確定性。你必須自己去找出來。在你確定「**證據有多好？**」的時候，如此做格外有幫助，因為事件存在多種合理的對立成因，會減低我們對作者最初所提成因的信心。

> **思辨重點！**
> 對立成因是一種合理卻不同於作者的解讀，能夠用來解釋某種結果發生的可能原因。

尋找對立成因的時機

當我們有充分理由相信，作者或講者在透過證據來佐證某主張的成因時，就需要去找對立成因。**成因**（cause）一詞是指「產生」或「引發」。溝通者可以用許多方式來表達箇中因果關係，以下列出若干：

- 導致（leads to）
- 影響（influences）
- 與……有關（is linked to）
- 阻止（deters）
- 提高了……的可能性（increases the likelihood）
- 決定（determines）
- 和……有關聯（is associated with）
- 引發（has the effect of）

這些透露因果關係的提示字詞，應有助於判斷溝通者接下來是否要提出因果陳述句（casual claim）。一旦你看到這類句子，就要留意有無對立成因存在的可能性。

對立成因普遍存在

找出對立成因能幫助我們在面對因果關係時，能做出更好的回應，包括日常個人關係、過去或正在進行的全球事件、研究報告的結果等。

以下舉例說明：

例1　人際關係的推論

女大生對朋友說：都過了一天了，我男友還是沒回我簡訊。他一定在生我的氣。

對立成因：他可能忙著準備考試，或者忘了帶手機。

例2　全球大事

根據新聞報導，二〇一二年十二月十四日，二十歲的亞當・藍札（Adam Lanza）在美國康乃狄克州新鎮（Newtown）的桑迪胡克小學（Sandy Hook Elementary School）開槍掃射，造成二十名孩童與六位成人喪生。開車進入校園之前，藍札在新鎮家中先射殺了自己的母親。就像重大新聞事件總會出現的畫面，人人各自提出對於此事的看法。槍殺案件過後不久，新聞與談話性節目紛紛指出槍手可能的動機：

1. 槍手的種種行為可能因其母堅持他去精神科就診，而引爆他對母親的憤怒。
2. 暴力電玩是這起大屠殺的導火線。根據報導，案發後警方搜索藍札家時，發現價值數千美元的暴力電玩。

3. 藍札被描述為持續服用抗精神病處方用藥，有些患者會出現衝動控制疾患（impulse control disorder）、重度憂鬱（major depression）等的副作用。

例 3 研究報告

最近一項研究指出，餵母乳對母親和寶寶都有好處。該研究發現，親餵母乳超過一年的女性，停經後心臟病發或中風的機率，都比沒餵母乳的女性少了將近一〇%。她們罹患糖尿病、高血壓與高膽固醇的機率也比較小。這是一項針對全美國停經婦女的長期研究，刊登於《婦產科醫學會》（*Obsetrics and Gynecology*）五月號，文中分析了十三萬九千六百八十一名女性，登錄於美國婦女健康促進研究（**Women's Health Initiative**）的資料。

報告中，研究人員最初假設餵母乳的行為可能是有益於母親健康的**原因**，並持續發現支持此假設的證據。不過，我們現在要根據相同的發現，提供其他對立成因。

1. 平均而言，餵母乳的女性或許比不餵的女性，日子過得更健康。比方說，前者可能更常運動，或飲食習慣上也不一樣。
2. 選擇不餵母乳的女性外出工作的時間可能更長，這或許導致生活壓力更大，因此健康問題較多。

3. 跟餵母乳女性所持的理由相比，女性拒絕餵母乳的理由，或許跟健康方面的問題比較有關。例如，在服藥或抽菸的母親或許更在乎餵寶寶母乳是否安全。

接下來的章節，我們將探討這些練習對批判思考者的意義。

探索對立成因

尋找對立成因的過程很像偵探。當你發現可能有對立成因時，就必須自問：

- 我想得出其他方式來解讀這個證據嗎？
- 是不是有其他因素，可能造成這種行為或這些發現？
- 如果從不同的角度觀察，可能會看到什麼不同的重要成因？
- 如果這個解讀不正確，還有什麼其他合理的解釋？

「唯一成因」或「成因之一」

美國某地一所學校的小學生罹患憂鬱症的比率之高，令人憂心。談話節目主持人詢問專家學者成因**為何**，得到的理由包括：遺傳問題、同儕間惡作劇、父母疏於管教、電視上太多恐怖主義與戰爭的新聞報導、無宗教信仰、壓力太大等。專家或許**聲稱**他們擁有答案，但不可能**知道**原因。這是因為人們常犯的錯誤是，針對某一事件尋找簡單、單一的成因，但「此」成因實際上是許多**助因**（contributory cause）組成的結果——成因有助於創造一整組必要的條件，促使事件發生。例如，釀成大屠殺的罪魁禍首，極可能是許多助因交互融合而成的特殊組合。

和人類特性或活動有關的情況，多種助因並存的情形多於單一成因。最好的因果解釋，經常是結合大量的成因，而且只有**合而為一**，才足以促使事件發生。所以，專家學者可以提供給脫口秀主持人的最好答案是：「我們不知道這件事的**唯**一成因，但是可推測促使這件事發生的可能原因。」因此，在尋找對立成因時，一定要記住：我們找到的任何單一成因，都比較可能是助因、而非**唯**一成因。

除了多數事件有多重助因的可能性之外，我需要清楚知道，不同人做同一件事的原因可能是相異的。因此，有人是因生理缺陷而有憂鬱症，也有人是因為生活中的某個事件造成了極大的壓力所導致，例如子女過世。我們都應該自我警惕不以偏概全（overgeneralization）。正確的問題通常不是何者導致憂鬱症，而是這位特定的個體罹患憂鬱症的原因有哪些？不同的憂鬱症病患與大屠殺個案，助因通常也不相同。

當人們無法考慮成因的複雜性時，就犯了**因果關係過度簡化謬誤**（causal oversimplification fallacy）。

小心錯誤思維！

因果關係過度簡化謬誤：依賴不足以說明事件發生的來龍去脈，或者過度強調一或多項因素的因果關係因素，來解釋某一事件。

就某種意義來說，幾乎所有的因果關係解釋都有過度簡化之嫌，所以你也不能責怪溝通者解釋事件時，沒有把**每一種**可能的成因都包含在內。但因果式結論應該包含充分的因果關係因素，說服你接受它們沒有過度簡化。或者，作者應該向你明白表示，他在結論中強調的因果關係因素，只是眾多可能的助因之一——**某一**成因，而非**唯一**成因。

以多元觀點作為對立成因指南

當想了解他人的行為模式時，觀點或視角不同會影響我們最後決定的成因。我們選擇尋找什麼，便影響能夠看到什麼。我們熟悉的觀點越多，在思考可能的對立成因時就會更有想像力。舉例來說，社會學家與社工人員、心理學家與精神科醫師、生物學家、神經學家、營養師、環保人士、警察、共和黨與民主黨員、商界人士等，在審慎思忖可能成因時，都十分樂見不同種類的成因。越能擁抱多元觀點的人，發想可能的對立成因將更輕鬆。在做分析成因的工作時，你會遭遇各種不同的觀點，努力拓展自己對可能成因的認識。同時，在努力找出成因時，請小心專家或自己落入確認偏誤（confirmation bias）的傾向——選擇性的尋找，並且只相信合乎我們既有信念的證據。

混淆因果關係和關聯性

人有一種與生俱來的傾向，將互有關聯或「一起出現」的事件，「看成」因果事件。也就是說，我們會一口咬定，由於特性X（例如，能量棒的攝取量）和特性Y（例如，運動競賽成績）有關，因此X導致Y。

但這種思考方式往往大錯特錯，為什麼呢？一般來說，原因在於許多假說能解釋為什麼X和Y「一起出現」。但事實上，至少有四類不同的假說，可以解釋任何這種關係。認識這些假說，將有助於你發現對立成因。以下用一個研究案例來說明這四類假說。

最近一項研究報告指出，「抽菸可對抗流感」。研究者調查了五百二十五位抽菸者，發現六七％在過去三年裡不曾感冒，且提出假說，認為香菸的尼古丁摧毀了流感病毒，讓它來不及擴散和形成疾病。

在人們覺得快生病，想趕快抽菸避免病毒發作之前，他們應該先思考這項研究發現的以下四種可能解釋：

解釋一：X是Y的成因。（吸菸能真正殺死流感病毒。）

解釋二：Y是X的成因。（為了不受感冒病毒侵襲，人們可能會持續抽菸。）

解釋三：由於第三項因素Z的存在，X和Y互有關聯。（抽菸和不感冒皆因某相關因素所導致，例如抽菸後經常洗手，防止了感冒病毒的擴散。）

解釋四：X和Y互相影響。（不常感冒的人有吸菸的傾向，而吸菸能防治某些疾病。）

切記，關聯性或相關性並不能證明有因果關係存在！

然而，用來證明因果關係的大部份證據，只是基於關聯性或相關性存在。當作者藉由指出特性之間具有關聯性，來支持假說時，總是要問：「**是否有其他成因可以解釋這種關聯性？**」請用下面段落自我測試：

> 最近一項研究報告指出，「冰淇淋造成犯罪」。研究者調查了過去五年美國十大城市冰淇淋的銷售量和犯罪率，發現冰淇淋銷量增加時，犯罪率也升高。於是，他們提出假說：吃冰淇淋引發腦中某種化學反應，進而激發個人的犯罪傾向。

我們希望現在你還是認為，吃冰淇淋的人不用擔心自己會作奸犯科。你曾想到其他的對立成因嗎？夏天的氣溫升高能否解釋冰淇淋銷售量（X）和犯罪率（Y）之間的關聯性？

正如它的危險性，混淆關聯性和因果關係很容易理解。原因當然出現在結果之前。但是，許多事件都會發生在結果之前，而且大部分缺乏因果關係。

透過留意我們更早提到、與事件為什麼發生有關的四種可能解釋，你現在應該能夠辨認兩種常見的因果推論謬誤：**混淆因果謬誤**（confusion of cause and effect fallacy）和**忽視共同成因謬誤**（neglect of a common cause fallacy）

小心錯誤思維！
混淆因果謬誤：混淆事件的因果，或者未能認清兩件事可能相互影響。

小心錯誤思維！
忽視共同成因謬誤：無法認知兩件事之所以有關係，可能是受共同的第三項因素影響。

混淆「在這之後」和「由於這件事」

我們經常會以下述方式來解釋某件事：由於事件B在事件A**之後**出現，所以事件A**造成**事件B出現。這種推論會發生，是因為人有強烈的傾向，相信如果兩件事差不多同一時間發生，那麼一定是先發生的事造成後發生的事。

許多事件緊接著某事件之後發生，先發生的事並非原因。我們只因先後關係，就誤以為前事造成後事，就犯了**後此謬誤**（post hoc, ergo propter hoc fallaoy，簡稱 post hoc fallacy）。

例如，你寫出好報告前，戴了一頂特別的帽子，因此堅持以後寫報告都要戴上同一頂帽子。

小心錯誤思維！
後此謬誤：只因特定事件B在另一事件A之後發生，所以認為B是A造成的。

以下的例子將進一步說明這類推論的問題：

我昨天撿到一枚二十五分錢的銅板，它一定是我的幸運符。因為自從撿到它之後，我竟然在一項很難的考試得到A，而且我最不喜歡的課取消了，然後我喜歡的一部電影也在昨晚電視上播出。（事實是我這次非常認真準備考試；教授的六歲兒子最近感冒，因此不得不請假；電視節目表早在我撿到銅板之前後九週，就已排定在昨晚播放該電影。）

或許不說你也知道，政治領袖和企業領導人喜歡利用事後論點，尤其是對他們有利的狀況。比方說，他們傾向於把自己當上領導人之後的一切好事，都歸功於自己，並將一切壞事推到別人頭上。

切記：發現某件事在另一件事之後發生，並不能證明兩者存有因果關係，可能只是巧合而已。看到這種推論時，總是要問自己：「是不是有對立成因，可以解釋這件事？」以及「除了一件事在另一件事之後發生這個事實，是否還有其他的好證據？」

解釋個別事件或行為

二〇一〇年冰島火山爆發的成因為何？臉書為何這麼多人使用？

正如桑迪胡克校園槍殺案的問題一樣，這些問題都想要解釋個別的歷史事件。首先，如同我們在這起案件的故事中看到的，同一件事有那麼多有道理的不同說法。其次，我們解釋事件的方式，除了深受個人觀點的信念影響，社會和政治力量的影響也很大。**基本歸因錯誤**是一種常見的偏差，也就是我們在解讀別人的行為時，往往高估個人傾向相對於情境因素的重要性。換句話說，我們傾向於認為他人行為的成因，來自於內部（他們的個人特質）多於外部（情境力量）。舉例來說，當人們偷竊，我們可能直覺認為他們不道德、沒有良知，或做了壞決定所致。但是，我們也應該考慮外部情境所扮演的角色，例如貧窮或同儕壓力。

建構過去事件的成因時，還有另一個大問題——許多證據出於人們的記憶，而有大量研究顯示記憶很容易遭到扭曲。

如何才能知道，我們獲得了某一事件或某組事件「好」的解釋？我們永遠無法百分之百確定。但是，提出批判性問題，可以幫助我們知道得更多。

對某一事件提出的第一個解讀，千萬不要輕易接受。務必去找對立成因，試著比較它們的可信度。考量可能看出爭議事實之利害關係的其他觀點，多看事件的各種版本，有助於拓展你的眼界。我們必須接受**許多**事件找不到簡單解釋的事實。

評估對立成因

至少要考量過其他證據，不然你

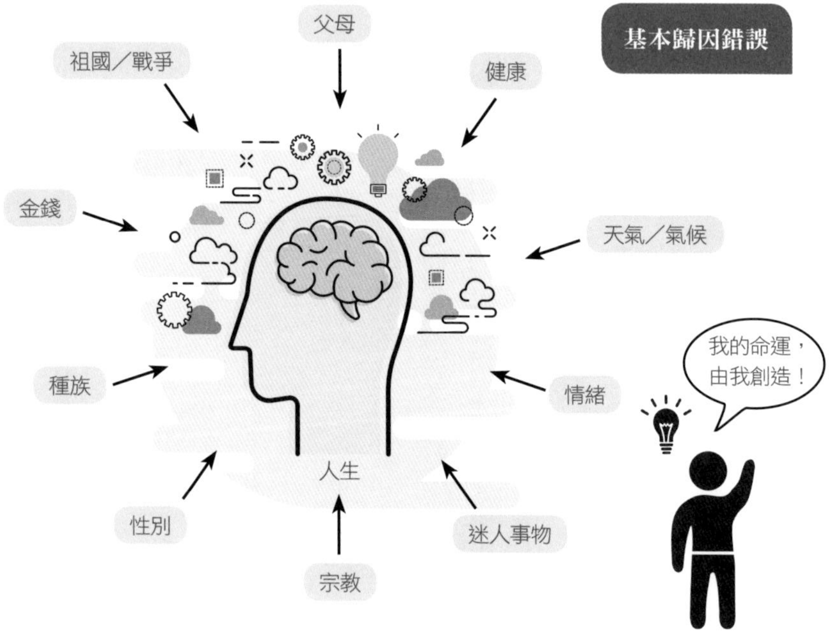

找到的對立成因越可信，你對作者或講者提出的最初解釋，信心就越薄弱。身為批判思考者，你必須盡己所能，去評估每一個替代性解釋和可用的證據相符的程度。留意自身的個人偏差。

對立成因與自我溝通

對寫作者來說，因果論證（causal argument）是最難建立的。你必須篩選一連串可能的成因，有些合理合法，有些則是披上了迷人的外衣、虛假不實。然而，你必須呈現出真正的因果關係。經典卡通《芝麻街》（*Sesame street*）也點出了這個問題，片中畢特（Bert）看到恩尼（Ernie）把香蕉高舉到耳邊時，畢特問恩尼為何做這個怪動作，恩尼答道：「畢特，我要用這根香蕉來趕走鱷魚。」畢特生氣地反駁芝麻街才沒有鱷魚，恩尼又驕傲地說道：「沒錯啊。都是我這根香蕉的功勞，對吧，畢特？」恩尼搞混了，以為同時發生的兩件事互有因果關係。

在比較成因時，適用下列準則：

- ✓成因富邏輯的完整性。哪些成因對你而言最有道理。
- ✓成因並未和你所擁有的其他知識牴觸。
- ✓成因過去成功解釋或預測了類似事件。
- ✓成因相較於其他解釋，被更多一般事實所運用。
- ✓成因被較少的普世信念所否定。
- ✓成因相較於反方的解釋，可以解釋更多、範圍更廣的事實。

證明關係存在後，務必證實此關係的走向如你所建議。換言之，A造成B，而非B造成A，也不是C造成了A和B。亦有可能是完全不同的另一件事。在J・K・羅琳（J. K. Rowling）的《哈利波特》（*Herry Potter*）系列小說中，作者想要重現經典的雞與蛋之謎，其因果關係是「先有鳳凰，還是先有火焰？」主角好友露娜・羅古德（Luna Loveggod）答對了：「圓圈並沒有開端。」（A circle has no beginning.）

最後，相較於其他因果關係，你可能會想展現自己關注的因果關係是此現象的最佳解釋。整個程序相當繁瑣，我們建議各位分為一個個步驟進行。第一步則帶入了創意思考。

探索潛在成因

展發寫作的第一步和發展其他論點一樣。先決定你感興趣的特定議題。在下列例子，你要找的是，探究因果關係的議題。這類議題會明確地提到**導致**（cause）一字，像是「什麼導致AMC電視台的《陰屍路》（*The Walking Dead*）破了有線電視台的收視率紀錄？」或「導致疾病治療無效的原因為何？」

一旦決定好議題，下一步就是腦力激盪問題潛在的答案。此過程也能充滿創意。想要完成任務，我們建議你像惹人厭的五歲小孩一樣，不停地問**為什麼**就對了。現在先回到《陰屍路》的問題。為什麼《陰屍路》破了有線電視台的紀錄？可能是因為十八到四十九歲的觀眾喜歡活屍。現在請進入五歲小孩的發問模式：「他們為什麼喜歡活屍？」你會怎麼回答這個問題？

學到的教訓

1. 許多事件都可用對立成因來解釋。
2. 專家檢視相同證據，發現可用不同的成因來解釋。
3. 大多數溝通者提供的都是他們喜愛的成因；批判性讀者或聽者一定會提出對立成因。

4. 提出對立成因的過程很需要創意。這種成因通常並不顯而易見。
5. 最後，特定因果陳述的確定性與看似合理的對立成因恰好成反比。因此，認出各種對立成因，可讓批判思考者具備「聰明的謙遜」（intellectual humility）。

我們內在的小孩下一步會怎麼問呢？「為什麼？」《陰屍路》占據了其他電視台所沒有的利基市場。「為什麼？」演編導的表現都很出色。「為什麼？」

現在你應該懂了。朋友、同學等出現在你生命中的人都能幫你一起腦力激盪。他們想出的原因，你可能怎麼也想不到。

第七問：是否還有「另一個成因」？

以下每個例子都提出了支持某個具有因果關係的論點主張。試著為這些主張找出對立成因，判斷在對立成因的影響之下，作者主張弱化的程度。

短文1

父母沒有大學文憑的孩子是否比較貧困？近來，研究者為了了解有多少人的雙親或其中之一沒有大學文憑，抽樣調查了五百五十二位接受政府補助者。此研究以俄亥俄、肯塔基（Kentucky）、西維吉尼亞（West Uirginia）三州受政府補助者為樣本，寄出調查表。結果顯示，有八五％的受訪者，雙親中至少一位沒有大學文憑。同時，也從同樣三州隨機抽樣五百五十二位沒有接受補助者。結果顯示，雙親中至少一位沒有大學文憑的比例僅四〇％。

短文2

這位企業高階主管為何盜用公款？仔細檢視他的生活，可以得到明確和能說服你的答案。這位人士出身於十分成功的家庭，父母是醫生，兄弟姊妹則是律師。雖然身為高階主管，但所賺的錢遠比不上家人。此外，他還相信所謂的美國夢——任何人只要夠努力工作，就一定會成功。然而，雖然他非常努力，最近卻在工作上發生了一連串失誤，也包括股票投資賠了不少。更糟的是，他的小孩必須做牙齒矯正。為了符合家人的期望，躋身成功人士；提供家裡的經濟支持，這位高階主管只好盜取公款。

短文3

在校園裡滋生的大量細菌造成大學生生病的比例提高。大學生不太可能去注意生活空間和校園共同區域的清潔。這造成物品表面和空氣中滋生過多細菌，而導致生病的學生增加。

短文1示範回答

結論：比起父母有大學文憑的孩子，父母沒有大學文憑的孩子可能過得更貧困。

理由：比較多接受政府補助者，雙親中至少一位沒有大學文憑的比例高於未受補助者。

請注意：研究結果來自單一研究報告，且未說明這些結果在此研究領域的代表性。我們也無從得知研究報告是否公開發表，因此無法判斷發表前審查的嚴謹程度。

但我們可以提出一些有用的問題。即使樣本數相當大，然而廣度有問題。在這些州裡，接受政府補助的人，是否足以代表全美的貧困人口？舉例來說，在政府伸出援手之前，各州都有一套不同的評估標準。此外，接受政府幫助的人如何與沒有尋求幫助的窮人相提並論？

或許最關鍵的抽樣問題，在於缺乏隨機樣本。在以上三州，未受補助者雖然是隨機抽樣的結果，但接受補助者卻是自願參與研究的。自願參與研究的人，與非自願者在調查上是否有很大的不同？例如，願意參與的男性可能比女性多出八成，這可能造成男性樣本數過高、無法準確再現普遍窮人的樣貌。研究者必須提供更進一步的樣本資訊，以說服我們抽樣並無偏差。

評分量數的準確度如何？首先，針對參與研究、接受政府幫助的窮人，文中並沒有明確的定義。然而，人們接受政府幫助的理由並不相同。例如，聯邦醫療保險被視為政府補助的項目，而年滿六十五歲者即受此醫療保險及社會福利保障。因此，我們不但無法確定人口抽樣是否公平，也不確定參與者是否真的貧窮。

同樣有疑問的是控制組，非貧困人口根據的是自由心證。我們都知道，不窮才是社會所認可的答案，因此人們傾向給出能被社會接受的回答。此外，如前所述，人也可能窮困而不尋求幫助。若有任何一位參與者其實很窮，卻沒有如實回答，可能會使控制組的偏差更為顯著。我們希望進一步了解這些評分的準確度，才能對結論產生信心。

短文2示範回答

結論：為了與家人一較高下，證明自己不是失敗者，也為了支持自己的家庭，這位高階主管盜用了公款。

理由：當事人可能太過在意上述因素。

上述因素都可能造成這位高階主管盜用公款的重要原因。然而，社會上還有許多人遭遇與這位主管相同的壓力，卻沒有訴諸非法手段來盜取金錢。挪用公款是不是還有其他可能的成因？無論何種違法行動，總有不少看似合理的解釋。例如，我們會想了解他的童年生活，或者最近遭遇了哪些事。

- 這位高階主管最近是否曾和老闆起衝突？
- 他是否用藥？
- 最近是否有壓力很大的狀態？
- 他是否有偷竊紀錄？

事後，我們總能挖掘出童年經驗，作為成年行為的背景因素。然而，在我們做出因果關係的結論前，必須找出更多證據，來證明這一連串事件的確導致了另一連串事件發生，而不只是時間先後所致。我們也必須留意不要掉進「基本歸因錯誤」的陷阱中，而且務必要一併考慮外部和內部成因。

10 CHAPTER 統計數字是否騙了你？

本章學習目標

1 認清有偏差與不可知的數字會帶來什麼危險

2 多多理解不同形式平均值的重要性

3 慎防留意衡量錯誤的危險

4 人們使用統計數字可能做出與原本意義大相逕庭的結論

以下這段文字，對你的說服力高嗎？

【新聞公告】

經濟情勢大幅好轉。光上個月，失業率就下降了一個百分點。

你不應該被以上的推論唬住，因為這個論**點使用統計數字來騙人！**

「統計數字」是作者最常使用的一種證據。你可能經常聽到人們使用「我有統計數字佐證」，來支持他們的論點。我們經常不適當地利用統計數字：呈現戰爭傷亡人數增減情況、警告大眾某疾病罹患率遽變、衡量新產品上市的銷售好壞、判斷特定股票能否獲利、下一步要打出哪張王牌、測量不同大學的畢業生比率、記錄不同群體的性行為頻率，並將其導入更多議題。

證明「數據可能騙人」的不同表述方式

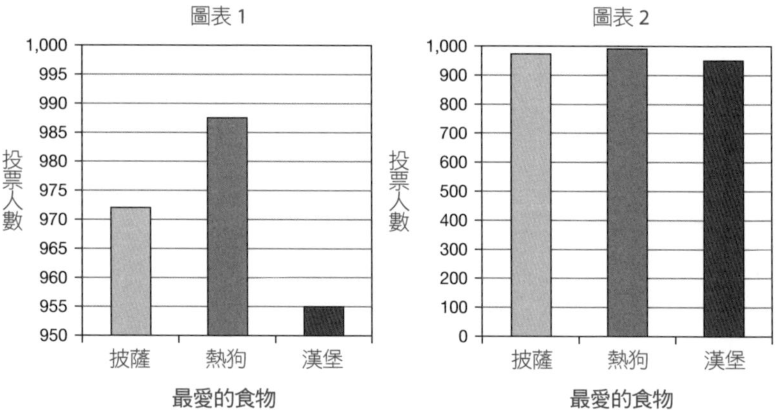

統計數字是以數字表示的證據。這種證據能令人印象深刻，因為數字讓證據看起來非常科學且精確，彷彿它再現「事實」般。但是，**統計數字也會騙人，而且經常騙人！**數字試圖證明的事物，往往不是表面上看到的那樣。

思辨重點！
數據能騙人，而且頻率很高。數據試圖證明的事，往往不是表面上看到的那樣。

身為批判思考者，你應該努力找出錯誤的統計推論。我們用幾個文字段落，無法把所有的「統計騙術」都告訴你，但本章將提出一些一般性的策略，讓你發覺這些騙術。此外，我們也會說明統計證據常見的誤用，提醒你注意統計推論中的瑕疵。

不可知和有偏差的數字

【最近一則頭條新聞】
四〇％大學生飽受注意力缺失症（Attention Deficit Disorder，簡稱ＡＤＤ）之苦。

看到此標題，你是否因偶爾覺得自己注意力無法集中而警醒？要怎麼判斷這個數據值得信賴？

任何數據資料都需要實際發生在某處的事件來佐證，且那些事件必須是**經過定義**（defined）、**能被證實的**（accurately identified），然而它們往往都無法達成此條件。因此，找出不實數據的首要方法，即是蒐集此數據如何取得，且越多越好。我們可以精確知道美國到底有多少人做這些事嗎？像沒有誠實納稅、每晚讀最愛的宗教書籍、邊開車邊講手機、使用違法藥物等。

若是你想像過希望得出真實數字需要多少細節的話，我們合理懷疑各位的回答是「不太可能做到」。原因何在？因為有各式各樣的障礙，妨礙我們為特定目的取得準確的統計數字。這些障礙包括：關鍵字曖昧不清、指認關係人物或事件的難度、人們不願意透露真實的資訊、人們沒有詳實通報、妨礙觀察事件的物理障礙（physical barrier）等，比比皆是。所以，統計數字往往只能說是一種「有依據的猜測」（educated guess）的形式。這種猜測、估計相當有用，騙人的手法也相當高明。我們總是要問：「**作者怎麼得出此估計數字？**」蒐集越多相關細節越好。

不可知的統計數字，常以大量數字，來吸引人們的目光或警惕人們，數字的準確度往往啟人疑竇。例如，大量數字可用於警告民眾，罹患某種身心疾病的人數增加，例如癌症、飲食失調或兒童肥胖症等。如果這些數字真的經由審慎程序所獲，我們當然會高度重視。比方說，朋友採訪過九成鄰居後，得到大多數人都喜歡住在老家的結果。這時你必須非常小心，是否要相信此結果補捉到人們對於老家的真實感受。**切記**，針對這種數據做出回應之前，我們必須自問：**這些數字是如何查明的**？

混淆平均值

讓我們來探討下列的陳述：

1. 成為美式足球職業球員是賺錢最快速的方法之一，二〇一五年美式足球員的**平均**薪資是二百二十萬美元。
2. 根據最近一項調查，大學成績達標對學生來說比較輕鬆了。大學生每週**平均**讀十二・八小時的書，約為二十年前的一半時數。

這兩個例子都用到「平均」（average）一詞。但是計算平均值有三種不同的方式，且多數時候算出不同的數值。

第一種是把所有的數值相加，然後除以個數，結果稱為**平均數**（mean）。第二種方法是將所有的數值從最高排到最低，然後找出位於中間的那個數值。此中間數值叫作**中位數**（median），有一半的數值高於中位數，另一半則低於中位數。第三種方法是列出所有的數值，然後計算不同的數值或數值區間出現的次數；出現最多次的數值稱作**眾數**（mode）。

平均值、中位數、眾數的差別

✓平均數	把所有的數值相加，然後除以數值的數目
✓中位數	將所有的數值從最高排到最低，然後找出中間的那個數值
✓眾　數	計算不同的數值或數值區間出現的次數，找出出現最多次的數值

作者使用「平均」一詞，到底是指平均數、中位數，或者眾數，差別很大。

第一個例子所稱的平均，何種最合理？思考職業球隊的明星球員和普通球員的年薪。最偉大的明星球員，譬如明星四分衛，所獲得的報酬遠高於同隊的大多數球員。事實上二〇一五年年薪最高的美式足球員，賺得的待遇超過三千五百萬美元，遠遠超過平均值。這麼高的薪水會大幅提高平均數，但對中位數或眾數幾無影響。比方說，二〇一五年美式足球員的年薪平均數為二百二十萬美元，中位數卻「只有」八十三萬美元。因此。在大多數職業運動裡，年薪平均數遠高於年薪中位數或年薪眾數。因此，如果有人希望讓平均薪資看起來很高，最好是選擇平均數指標。

接著，仔細探討第二個例子。如果作者所提的平均值是眾數或中位數，我們可能會高估了讀書時間的平均值。有些學生可能習慣花很多時間讀書，如每週三十至四十小時，結果拉高了平均數，卻不影響中位數與眾數。視發生頻率最高的讀書時間長度而定，學習時間眾數數值可能遠低或遠高於中位數。

看到「平均值」一詞時，總是要問：「選用平均數、中位數或眾數，結果會有差別嗎？」要回答這個問題，不妨思考一下：使用不同意義的平均值，將如何改變資訊的重要性？

確定平均值指的是平均數、中位數還是眾數，的確重要，但是確定最低數值和最高數值的差距（稱作**全距**〔range〕），以及每一個數值出現的次數（稱作**分布**〔distribution〕）也一樣重要。

以下是一個很好的例子：

> 醫生對二十歲的病人說：這種癌症的預後很糟糕，存活期的中位數是十個月。我建議你接下來幾個月盡力去實現過去一直想做而未做的事。

聽到醫生做出這樣的診斷，這位病人該如何看待自己的未來？首先，我們都很確定，診斷顯示有一半的人死於十個月之內，然而，也有一半的人存活超過十個月。不過我們不知道這一半的人存活期的全距和分布！有沒有人存活超過十年？其分布如何？其中甚至有許多人活到八十歲嗎？有多少位？了解存活人口的全距和分布可能改變這位癌症病患對自己未來的看法。

一般而言，病人應該考慮，在本國的不同醫院中，不同的全距和分布是否不同。如果有，他應該移往分布情形最有利的醫院去就診。

看到平均值數字時，時時謹記所謂數值的全距和分布還有個好處：真正的平均值數字往往不能代表大多數人或大多數事件，真實的結果與平均值數字相去甚遠是意料中的事。

衡量錯誤

數據是衡量萬事萬物的結果，然而衡量一向容易出錯。二〇一五年，新英格蘭愛國者隊（New England Patriots）被控，在對印第安納波利斯小馬隊（Indianapolis Colts）的重要比賽中作弊，為了傳接球更順利而將球洩了氣。他們真的這麼做了嗎？

中場休息、檢視比賽用球時發現，愛國者的球沒有充飽氣，且磅數比小馬隊的球小。大家看到這裡先暫停一下。兩方的球並非在同一時間接受檢查，順序是先檢查了愛國者的球，然後才**輪到**小馬。這又如何？小馬隊的球在接受檢查前存放在溫暖的房間裡，球有更多時間可以適應溫暖的溫度並增加球壓。因此，小馬隊的球接受檢查時，發現氣比較足。此說明可謂是「衡量錯誤」，法院也接受了愛國者隊提出的這份陳述。

衡量錯誤的另一個例子是酒精攝取量的多寡。在這類判例中，被告律師為求勝訴，常用的策略是要求檢方提供被告受檢時，酒精濃度檢測器前一次的校準時間，同時也要求審閱校準設備本身的精準度，據此判斷儀器是否值得信賴。換言之，酒駕是否成立的唯一條件是兩種測量機器必須準確無誤，不論採信的是控方或辯方。機器若是不準，血液中的酒精濃度數值再高，也無法當成支持檢方起訴的呈堂證供。

證實一件事，接著證明另一件事

溝通者常利用統計數字證實某件事，然後話鋒一轉，聲稱也已證明了相當不同的另一件事，用這種手法欺騙我們。統計數字並沒有證明他們所說的事！我們提出兩套策略，用以察覺這種欺瞞不實的手法。

其中一套策略是，**對溝通者所舉的統計數字視而不見**，並提問：「**要證明他的結論，哪**

種統計證據才有用？」接著，比較「所需的」統計數字和對方提供的統計數字。如果兩者不合，你可能已經找到欺瞞不實的數據。以下的例子是你運用這套策略的機會：

搭乘本市地鐵時，你的智慧型手機極有可能遭竊。我剛讀到一份數據，指出行動電子產品有七〇%是在地下鐵中失竊的。

我們需要做什麼研究，才能證明行動電子產品容易在地下鐵遭竊？你可能需要知道遭竊的機率，而不是行動電子產品被竊的機率。數據證實了一件事，亦即發生在地下鐵的竊案大部分和行動電子產品有關，卻沒有證明這種竊案發生的機率。為了回答這一點，你需要提問：「在地下鐵被偷的都是什麼物品？」竊案可能不多，但多數的結果是行動電子產品遭竊。我們可以從這個例子得到一個重要的教訓：**密切注意統計數字和結論的遣詞用字，觀察它們是否指同一件事**。

我們往往很難知道該用什麼統計證據來支持結論。因此，其他策略是**非常仔細地**檢視作者的數據，**對結論視而不見**，然後提問：「從這些統計數字，可以合理得出什麼結論？」接著，比較你的結論和作者的結論。請在下例運用這套策略：

幾乎有一半的美國人外遇，欺瞞自己的配偶。一位研究人員最近在一家大型購物中心訪談了七十五個人，其中三十六人承認自己的朋友正與其他人祕密約會，大搞外遇。

你是否得出以下結論？約二分之一**居住於某特定地區的**人承認：**自己的朋友**曾經外遇，**至少有一次**瞞著配偶與他人約會或發生性關係。你是否看出統計數字證明的事情，和作者的結論之間有什麼差異？如果看得出來，表示你已經找到作者如何用統計數字說謊。

以遺漏資訊的方式行騙

我們往往因為統計數字不完整而受欺騙。因此，確認統計推論瑕疵的另一個實用策略，是提問：「**你進一步還需要哪些資訊，才能判斷統計數字產生的影響？**」以下我們用兩個例子，來說明這個問題的實用性。

1. 大型企業正在摧毀本鎮市中心地區的小鎮氛圍。光是去年一年，鎮上的大型企業增加了七五％。
2. 愛滋防治計畫亟需增加主要資金來源。二〇〇九年共有五萬四千人罹患愛滋。

乍看之下，第一個例子中的七五%數字的確嚇人。但是，中間卻遺漏了某樣東西：這個百分率是根據什麼**絕對數字**（absolute number）算出來的？如果我們知道大型企業是從四家增加為七家，而不是從十二家增為二十一家，就不至於那麼驚慌。而第二個例子中雖有數字，卻缺少**百分率**。我們不需要知道此數字可轉換成愛滋病患者占總人口的占比嗎？

第二個例子也呈現了社會常見的現象：試圖藉由凸顯全國性的人口數據，來喚醒社會大眾對此社會問題的重視。儘管這個問題刻不容緩，但如果我們用五萬四千人除以全美約三億的人口數，得出的百分率約〇・〇二%。

因此，當你看到讓人心驚膽跳的數字或百分比時，請務必提高警覺！你可能需要取得更多的資訊，才能確定這些數字有多可怕。眼前只有**絕對數字**時，請詢問**百分率**可能幫你做出更好的判斷；當只有**百分率**時，則思考**絕對數字**可否提供更多佐證？

看到統計數字，一定要問：「**我是否還遺漏了哪些相關資訊**？」

評估統計數字的線索：

1. 盡你所能，了解統計數字是怎麼得來的。提問：「作者或講者是怎麼知道的？」當溝通者試著以很大的數字讓你印象深刻或警告你時，特別要小心。

2. 對於文內所描述的平均值，分析是否了解事件的差距和分布，將對數據提供有用的觀點。
3. 利用統計數字證實了一件事後，進而去證明另一件事時，要提高警覺。
4. 對作者或講者的統計數字視而不見，然後比較所需的統計證據和作者或講者實際提供的統計數字。
5. 根據統計數字提出你自己的結論。如果你的結論和作者或講者的結論不符，那麼其中一定有什麼地方不對勁。
6. 試著確定遺漏了什麼資訊。要特別留意誤導性的數字和百分率，以及遺漏的對比內容。

寫作時數據資料的引用

希望各位寫作時都能引用數據資料作為例證。若引用得宜，統計數字將是有價值的利器。它們不僅有助於我們形容並理解趨勢和模式，也能作為預測的依據。數據資料可以增加論點的說服力。儘管如此，本章也闡明了一些在論點中誤用數據的風險。對於未受過思辨訓練的讀者來說，統計數字看似具公信力的事實，但各位現在都已知道，真相如何容易受到操弄。身為關注批判思考的作者，你必須知道如何權衡輕重。除了千萬不可使用欺瞞騙術以外，也需要知道如何以簡明好懂的方式來呈現複雜的統計數字。

希望論點清晰明白中，採用數據資料時，請務必用一些篇幅說明統計數字如何產生，以及數據資料的含義與限制。如此一來，讀者會更加信任你。因為你展現的是開誠布公、童叟無欺的態度，而非一手遮天、掩蓋事實；另一方面也能激勵讀者成為強義批判思考者，有能力獨立思考並決定眼前數字可信度、提供個人解讀。這類補充說明可放在論點正文，也可收錄於註解或附錄，端看所屬領域慣用的寫作風格和寫作形式。

第八問：統計數字是否騙了你？

針對以下各練習題，找出證據不適當的地方。

短文1

如今，競選活動已變得太過鋪張，金錢在各項選舉中逐漸成為關鍵。目前，勝選的參議員平均投入八百萬美元於競選活動；而一般來說總統候選人更需要準備高達三億美元的競選預算。此刻應是徹底改革的時候了，因為我們不能讓政治人物僅靠著砸大錢做宣傳，就能買到公職。

短文2

待在家裡越來越不安全了。和居家生活相關的受傷事件逐漸增加。二〇〇〇年，約有二千三百位十四歲以下的兒童死於居家意外；每年也有四百七十萬人被狗咬傷；更糟糕的是，連電視這種相對安全的家用電器也會產生危險。事實上，每年都有四萬二千人被電視機和電視架砸傷。待在家裡竟然會發生這麼多意外事件，也許大眾該考慮多花時間到戶外活動了。

短文3

一項新的研究指出，傳送大量訊息的青少年較可能有不健康行為的傾向。此研究樣本來自密西根（Michigan）某郡的學生，他們大部份都出生於社經地位較低的家庭，屬於弱勢族群，也沒有父親。研究發現，頻繁傳送訊息的青少年中，曾抽過菸的比例達五〇％；參與鬥毆的比例達四五％；而酗酒的比例則達三五％。家長應將這項研究視為警訊，規勸孩子不要頻繁傳送訊息。

短文1示範回答

結論：應徹底改革競選風氣。

理由：政治人物在競選活動上花費過高。參議員平均每人花費八百萬美元，而總統候選人的競選費用更高達三億美元。

競選花費太高嗎？看到**平均**和**一般來說**等詞彙，我們就應該提高警覺。我們需要知道這些統計數字使用的是哪一種平均值，是平均數、中位數，還是眾數？比方說，若使用參議員競選經費的平均數，可能會讓情況偏離事實，因為砸大錢的現象只發生在少數選情特別緊繃的地區。至於許多基本上確定連任的參議員，並不會一擲千金。我們知道只有少數選情緊繃地區，因此大多數的參議員和花費不如報導多。換句話說，如果使用平均數來呈現平均的話，可能會比中位數或眾數的數值低得多。同時，若能知道競選經費的全距和分布，應該能讓我們更容易判斷這個議題的重要程度。

此外，文中也遺漏了重要的對比數據。比方說，競選花費和前幾年的類似費用相比金額？其他公職選舉的花費情況又如何？也許實際費用不增反減。

短文2示範回答

結論：待在家裡越來越不安全。
理由：和居家生活有關的受傷人數逐漸增加。
佐證：一年有二千三百名兒童死於居家意外。
每年有四百七十萬人被狗咬傷。
每年有四萬二千人被電視砸傷。

要評估這個論點，我們需要先提問：什麼樣的證據最適合回答「居家生活是否比以前更不安全」？依我們之見，要回答這個問題，最符合的數據是比較現在和過去每年嚴重居家傷亡的百分比。另外，和往年相比，在家每小時的平均受傷人數也是相關數據。如果人們留在家裡的時間比過去更長，那麼，受傷機率提高也就很合理了。

文中針對論點所提出的證據理由也有疑問。第一，作者未提供居家傷亡的所有數字，只寫了「傷亡人數逐漸增加」，卻未提出證據證明增加的幅度。第二，沒有兒童死於居家意外的詳細資料，此數據若和往年相比，有什麼差異？第三，狗咬傷人的數字有誇大之嫌。我們無從知道咬人事件是否發生在家裡，更重要的是，狗咬傷人與「居家環境不安全」這個結論似乎沒有太高的關聯性。第四，電視傷人的數據也問題重重。作者是從哪裡獲得這些令人心驚膽跳的數據？受傷的情況又嚴重到何種程度？

11 CHAPTER

哪些重要資訊「被消失」？

本章學習目標

1 謹記任何論點都會遺漏資訊

2 培養問問題的習慣，讓遺漏的資訊現形

以下廣告文案的說服力如何？

治療背痛，請認明最多醫師指定的處方用藥——「痛解樂」！

這則廣告的目的，當然是想說服你購買更多指定的產品。即便在你的批判思考技巧發展不像現在那麼成熟之前，你也知道這些廣告並沒有說出全部的真相。比方說，痛解樂公司可能比其他藥商給醫生更優惠的折扣，提供更多免費樣品，或者招待使用該公司產品的醫生出遊，但你在廣告中不可能看到這些資訊。而這些看不到的資訊卻關係著你如何處理背部疼痛的問題。

批判思考者追求自主，如果只能取得非常有限的資訊，他們恐怕很難自主決策。幾乎所有的結論或產品都有一些正面特質。有興趣只想讓我們知道某些特定訊息的人，必然將這些正面特質說得既詳細又生動，卻隱藏結論裡的弱點。廠商可能告訴我們，他們家的洋芋片美味又酥脆，但是不太會揭露同樣的洋芋片卡洛里超標且有防腐劑。因此，要做到真正的自主，我們必須堅持不懈地尋找被隱藏的東西，無論作者是無心或有意為之。

藉由提出你在前幾章學到的提問，例如和曖昧不明、假設、證據有關的問題，你可以察覺遺漏的許多重要資訊。本章試著增進你的敏銳度，了解**沒說的話**有多重要，並提醒你將此視為——重要警鈴，當評估論點中的**外顯**部分時，就是要對不完整的畫面作出反應。因此，我們在本章要探討一個極其重要的問題，你必須提問：「**遺漏了哪些重要的資訊？**」才有辦法判斷推論的品質。

找出遺漏資訊的好處

你應該記住：眼見的任何資訊，幾乎都帶有目的。換句話說，任何資訊的組織結構，是由某人整理後，企圖以某種方式影響你的想法。舉例來說，任何選定的、組成的、使用的統計資料，都是為了達成某種目的。達成什麼目的？達成任何想跟你分享資料的人的目的。因此，你的工作是決定自己是否滿足於那個被選定目的的工具，而那個目的往往是為了說服你。

廣告主、老師、政治人物、作者、溝通者、研究者、部落客和父母等，大家都會組織資訊，想要左右你的決定。因此，想要說服你的人，幾乎總是試著打出最強的光束來突顯他們的立場。所以，若你發現自己深信不疑的理由具說服性，有如你正要採探的天然金礦，最好聰明地心生疑慮，想想有什麼事情未經你批判性問題所檢驗，作者可能**沒**告訴你。

遺漏某些重要資訊，指的是左右你是否被作者或講者的論點所影響的資訊，也就是這些資訊**形塑了推論！**本章將列舉許多說服力不強的推論例子，究其原因，不是出在作者或講者說了什麼，而是遺漏了什麼。仔細研讀這些例子，並留意假如漏掉這些資訊，你將如何做出不成熟和可能錯誤的判斷。

思辨重點！
被遺漏的重要資訊，等同於建構推論過程缺少的資訊。

推論不可能完整

推論不完整是無法避免的。若要究其原因，第一是時間和空間有限。論點不完整是因為溝通者無法持續組織、整理，也缺乏無限的空間或時間來提出他們的理由。

第二，大部分人注意力集中的時間（attention span）非常短，訊息太長，我們就會感到不耐煩。因此，溝通者經常覺得有必要盡快將訊息傳遞出去。廣告主和評論者都反應這種因素。舉例來說，評論者限於字數，且論點必須有趣又有重點。因此，評論者會使用各種遺漏。電視廣告惡名昭彰的讓高度複雜的議題聽起來簡單。他們提供正確資訊程度的時間非常少，因此你將需要去形成合理的結論。

第三，發表論點的人，擁有的知識總是不夠完整。而第四個理由，是講者或作者刻意欺瞞造成的。廣告主**心知肚明**自己遺漏了重要的資訊片段，若是他們一一描述產品中的化學藥劑或便宜的成分，你購買產品的可能性也許就會降低。

遺漏資訊處處可見的最後一個重要的理由是，企圖建議或說服你的人，他們的價值觀、信念、態度往往和你不同。因此，你可以期待即使面對相同問題時，他們會以不同的假設引導推論過程。批判思考者很重視好奇心與合理性。然而，打算說服你的人，往往會消弭你的好奇心，且設法引導你去相信訴諸情緒且不合理的回應，藉此形塑你的抉擇。

特定觀點宛如馬的眼罩。眼罩可以讓馬專注於正前方的事物。然而，個人的觀點和馬的眼罩很像，會使人注意不到某些特定資訊，而這些資訊對於從不同參考框架推論的人而言卻無比重要。好萊塢知名演員麥特・戴蒙（Matt Damon）在《神鬼認證：最後通牒》（*The Bourne Ultimatum*）的角色有句名言，正是最佳例證：「有意思的是，坐在不同位置，看到的風景就大不相同。」

推論不完整的理由

✓有限的時間與空間，也限縮了論點內容的完整性

- ✓因人們注意力極為有限，必須快速提供論點
- ✓發表論點的人擁有的知識並不完整
- ✓論點常騙人
- ✓發表論點的人所持的價值觀、信念、態度等，常與你不同

辨認遺漏資訊的問題

如何尋找被遺漏的資訊？首先，你必須一再提醒自己：無論支持某一特定決定或意見的理由乍看多麼吸引人，都有必要再三思量、尋找遺漏的資訊。

該怎麼尋找，以及可預期找到什麼？先透過提問，幫助你決定哪些額外資訊是必要的，接著再次提問來揭露那些資訊。

你可以利用許多不同類型的問題，來尋找被遺漏的相關資訊。至此你已經學會提出某些問題，可以用於凸顯被遺漏的重要資訊。此外，為了幫助你尋找可能被其他批判性問題忽略的遺漏資訊，下面提供一張清單，列出一些重要的遺漏資訊類型，以及有助於察覺遺漏資訊

的問題例句。

各位都看過這類廣告詞吧？例如：「五個醫生中有四個同意」、「純天然」、「零脂肪」、「低膽固醇」、「對心臟有益」、「第一名領導品牌」、「美國糖尿病協會ADA證實」、「無添加防腐劑」等。這些廣告詞或許資訊正確，卻可能因遺漏資訊而誤導消費者。

但我們需要了解數字

你或許還記得，想做出合理的某些比較，我們必須知道相關可能價值觀的範圍與比例。假設我們已知美國在「世界快樂量表」（Worldwide Happiness scale）的得分比丹麥高。由於「快樂」通常泛指人類幸福，抑或對某些人而言，是指「人生目的」。因此，美國所謂的相對幸福感，對丹麥或其他國家可能是一種訊號，代表應該組織他們的經濟活動與社會習慣。但無論如何，我們都需要足夠多的資訊，才能導向結論。

快樂量表的評分範圍怎麼設計？應答者填寫問卷時，答案是從一至二分計算，還是一至一百分？美國與丹麥應答者的精確分數差異為何？請注意，如果平均分數幾乎一樣，或相差了五十個單位，解讀分數的意義上，也可能大不同。因此，當資訊具有數值大小關係時，務必問出精確的數字。

上述快樂量表的例子，點出了重大且有意義的「資訊缺失」問題。我們使用的許多字詞都隱含著尺寸、範圍或比例，但如果沒有找出這些字詞背後的精確資訊，很容易會被誤導。本節重點在於告訴你，當字詞或詞彙可以用具體單位來衡量時，在做決策之前務必問出那些單位的精準數字。

尋找常見重要資訊類型的線索

一、常見的反論點

1. 反對者提出什麼理由？

2. 是否有其他的研究調查結果，和眼前這份研究調查牴觸？

3. 是否有遺漏的例子、證言和大家非常尊敬的專家意見或類比，可支持論點的其他面向？

二、定義被遺漏

1. 如果以不同的方式定義關鍵詞彙，眼前的論點會如何不同？

三、價值觀偏好或觀點被遺漏

1. 不同的價值觀是否創造同議題的不同路徑？

2. 不同的講者或作者帶來不同的價值觀，會發表什麼論點？

四、論點中提到的「事實」來源

1.「事實」從何而來？

2.事實主張有合格的研究或可靠的來源支持嗎？

五、蒐集事實資料的作業程序細節

1.多少人完成問卷？

2.調查問題的遣詞用字如何？

3.受試者是否有充分的機會提出與問卷設計方向不同的答案？

六、蒐集或組織證據的其他技術

1.訪談調查和書面問卷的結果可能有什麼不同？

2.實驗室實驗得出的結果，其可信度與知識含量就會更高嗎？

七、遺漏或不完整的數字、圖表或數據

1.如果包含前幾年或後幾年的資料，數字看起來是否不同？

2.作者是否為了讓差異看起來更明顯而「曲解」數字？

八、遺漏對贊成或反對、正面和負面結果、長短期影響

1.該論點是否漏掉了行動方案的重要正面或負面後果？代價為何？好處又是什麼？

2.我們需要知道該方案，對政治、社會、經濟、生態、精神、健康或環境各領域造成的影響嗎？

九、當討論特殊預測技巧時，遺漏了失準或錯誤的預測

1. 當「靈媒」或「直覺論者」在宣傳自身特殊能力時，務必詢問他們預測錯誤的機率有多高？

2. 決定經濟學家、財金專家、運彩玩家與政治名嘴是否真有預測能力之前，我們務必先了解他們預測失敗與成功的機率。

為了確定各位都很清楚詢問確切數字的重要性，下列例子可以幫助各位提出「但我想先知道確切的數據」。

1. 大學生在二十三歲成功就業的機率更高。
2. 每天喝二盎司酒的人，將增進放鬆能力。
3. 大學時期與不同國籍、文化背景的室友同住，可減少出國旅遊水土不服的情形。

不論讀到、看到論點裡用到「更多」、「更快」、「更瘦」、「只要……（多少時間）」等與尺寸、範圍有關的任何概念，請培養提高對具體數字敏銳度的習慣。每當遇到這類「需要

確切數字的觀念」時，請謹記慢想的重要性。你需要使用系統二思考來蒐集需要的數值資訊，才能謹慎決定該相信和該做什麼。

負面觀點的重要性

有一類遺漏的資訊重要到要辨識，而且常常被忽視，所以我們希望特別為你標出重點：提倡某種行動，如新藥使用、建立一間又新又大的大樓或建議賦稅減免所產生的**潛在負面效應**。我們在此處強調負面效應，是因為提議採取這些行動的人，通常只提及它們的益處，像大幅降低特定醫療問題、更好的外觀、更多的休閒、更多教育機會、提高壽限、更多更好的商品。但由於大部分的行動都會產生廣泛的正面**和負面衝擊**，我們因此必須問：

- 社會中的哪一群人不會受益於此行動方案？誰又會蒙受損失？蒙受損失者有什麼話要說？
- 行動如何影響權力分配？
- 這項行動如何影響我們的健康？
- 這項行動如何影響我們的人際關係？如何影響我們與自然環境的關係？

對於以上每一個問題，我們也一定要問：「**這項行動的潛在長期負面效應是什麼？**」

思辨重點！

務必考慮到被遺漏的資訊，提出問題：「這種行為會導致什麼長期負面效應？」

為了說明針對遺漏資訊的提問很有用，讓我們來反思以下的問題：成立一所新的大型學校，可能產生哪些負面效應？你想過以下的可能性嗎？

- **危害環境**：比方說，蓋這所新學校會不會導致林地消失？潛在居住地的消失對當地野生動物造成何種影響？
- **教育版圖改變**：如果新學校吸引了其他學校有經驗的教師或表現優異的學生？若新學校吸收了重要的教育經費與補助，剝奪了其他學校的相同份額？
- **對房價的影響**：如果以國家標準而言，這所學校的表現不佳，會如何對周圍地區的房價有所反應？
- **稅賦加重**：這所新學校的資金與經費來源為何？若是公立學校，為了幫助支持新學校落成、維持營運，當地社區的房屋稅可能提高。

在跳進提議行動的跟風之前，這類提問應該能讓你暫停思考。

尚未提及的遺漏資訊

即使你懂得要求提供重要的遺漏資訊，也不能保證就會得到滿意的答覆。提問探索性的問題很有可能無法得到回答。別洩氣！你已經盡力了。你已經要求獲得一些資訊，好幫你下定決心，現在你必須確定少了遺漏的資訊，是否有可能得出結論。前面我們曾提醒過，推論總是不夠完整。因此，若你認為在資訊仍不完整的情況下，就無法決定，這將會使你無法表達任何意見。

一旦你認為論點中有資訊缺漏，該怎麼辦？合理的首要反應便是去尋找那些資訊。但一般來說，你會遭遇阻力。身為批判思考者，你大可表示，由於缺少了某些資訊，所以無法認同作者的論點，然後繼續搜尋所需的資訊。抑或是基於該論點優於其他的論點，審慎地同意作者的推論。

如第十章所述，推論過程中無可避免會遺漏資訊，身為作者與講者，握有增刪哪些資訊的大權，為了使我們的論點符合批判思考的目的，針對被遺漏的資訊，請留意下列重點：

1. 主旨（thesis）應力求精確。當撰寫論點主旨時，我們想要確認沒有任何被遺漏的資訊，足以影響閱聽眾理解作者的主張。
2. 針對主旨，我們應有足夠的資訊，讓我們了解自己所持的立場。儘管任何論點都免不了遺漏資訊，但在決定支持某個結論之前，我們想設法蒐集充分的相關資訊，才能清楚知道自身的信念，做出明智的決定（informed decision）。
3. 當我們建構論點，必須有所選擇地過濾資訊（selective filtering）。審慎檢視我們提出的理由與證據，確保關鍵資訊萬無一失。
4. 如果我們必須忽略重要資訊時，應在探索相反觀點時說明。

建構自身論點時，精確聚焦的主旨對閱聽眾很有幫助。我們在第二、三章討論過，為求聚焦論點內容，重點在於針對議題寫出主旨。本章則是將焦點放在主旨的精確度，這點透過清楚定義與聚焦即可做到。

太過概略或模糊不清的主旨，常常省略了有助於指引閱聽大眾了解論點的必要資訊。

主旨中遺漏的資訊也會造成誤解，可能減少論點的有效性，因為不論我們是支持或反對的一方，與讀者或聽者理解的可能完全不同。做出結論之前，我們務必思考哪些資訊可能遺漏了。再者，如果遺漏的資訊足以影響論點是否有效，我們想要在主旨或引言中納入該資訊。

例子有助於說清楚、講明白。假如作業是撰寫一篇演講稿，題目是「大學應該對每個人免費？」假設我們都認為上大學應該完全免費，而提出以下結論：「應該讓每個人都免費上大學。」寫作的第一步「寫出聚焦的主旨」即宣告完成。然而，緊接著我們就該問：「結論遺漏了哪些資訊，可能違反我們論點的清晰原則並降低說服力？」

我們可以從檢視主旨中的關鍵字，開始審慎評估。是否有任何資訊可以幫助釐清主旨中的關鍵字？「大學」是關鍵字嗎？乍看似乎是，但包括公立**和**私立大學嗎？或者涵蓋所有的大學、社區學院與文理學院？立了案或沒立案？線上課程或實體教學？再者，「免費」一詞又怎麼說？需要支付教職員工的薪水、學校建築與校園的維修管銷費用等，所以在此脈絡下，「免費」該如何解釋？用納稅人的錢來支付一切費用嗎？學生是否免繳學費，但仍應支付宿舍、餐飲與設備等雜費？這些問題有助於我們找出遺漏的資訊，以及遺漏的部分為何可能造成誤解，或是讓讀者或聽者難以理解。想增加精確度，主旨就需要適度改寫。往下讀之前，試著自行發想其他的主旨，說明我們已經提出的議題定義。

作者或講者很容易有意圖的遺漏無法支持結論的資訊，以為採行這種策略就能增加論點的有效性。或許是認為讀者或聽者不會知道哪些資訊遺漏了，所以沒有告知的必要？但這是不可取的想法，會讓我們永遠拿不出合理又有強大説服力的論點。而且，我們可能會受這種不好的論點影響，對自己一意孤行的觀點洋洋得意。但要不了多久，除了被具思辨能力的讀者指出嚴重錯誤，也無法用合理縝密的主張或訴求，來達到説服閱聽眾的目的。身為批判思考者，萬萬不能為了説服讀者或講者就不擇手段，相反地，我們正當嘗試提出有力的論點，無須耍手段就能贏得人心。

為了提升在論點中涵蓋重要資訊的可能性，我們應當列出支持正反兩方的論點。透過這種練習，也可幫助我們綜觀何謂有力合理的論點所需具備的要件，也可幫助我們產生品質良好的理由與證據來支持結論，同時理解我們必須提出的相反論點（counterargument）。為了確保所列清單可廣泛蒐集各種有力的關鍵資訊，我們在思考與研究議題時就想問一些批判性問題。第 **274** 頁的〈尋找常見重要資訊類型的線索〉可幫助我們列出自己的清單。做出每個結論之前，並非每個線索都必須上場，不過這份清單是個好的開始。

請看看上述我們改寫過後的結論版本：

公立大學應該減免所有本州學生的學費。

請注意，為了縮小我們意指的「教育」與「免費」的範圍，新結論中增加了重要的資訊。

現在簡短列出正反方的觀點，如此一來，我們便能擴大討論遺漏資訊及其對論點的影響。

正方論點：

本州全體學生若能免費進公立大學就讀，將能縮小貧富差距。人民受良好教育，政府的效能也會更好，因此，更多州民接受高等教育，全體州民都能獲益。

反方論點：

不論你是否上大學，免學費代表要對所有人增稅。免學費無法保證人人都會上大學，因為仍有許多教育方面的費用是無法減免的。

為了揭露遺漏的資訊，我們需要問出與正反論點有關的問題。以下列出一部分問題範例，請在建構有效論點之前回答：

1. 有無證據顯示貧富差距與教育有關？
2. 有無證據指出免學費將能增加大學入學率？

3. 何謂「受教育的人口數」與「效能更好」？
4. 哪些人儘管免學費依然無法上大學？
5. 有無證據顯示，我們在大學接受的教育，的確提升了政府機關的效能？

如清單所見，許多問題都需要更進一步的資訊。若能擁有從這些問題而來的資訊，我們可能做出與論點不同的決定：免學費真能如原先設想的有益嗎？如果是的話，對誰有益？我們必須決定哪些遺漏的資訊不可或缺、哪些可以略而不談？

此外，清單上包括正**和**反兩方的論點。省略對結論無用的內容，只考慮對結論有利的內容，乃人之常情。因此，必須確保避免讓清單太偏向正面觀點。一開始就凸顯正面觀點看似是一件好事：我們的論點有好多正面內容，支持果然是對的！然而，毫無負面觀點的論點，並不是論點，而且可能連說或寫的價值都沒有。

認清支持與反對的論點、檢查遺漏的資訊等程序，迫使我們在辨識過去未曾思及的關鍵資訊時，不得不去檢視、甚至捨棄自身信念。不過，就某些方面來說，第二步的選擇性過濾資訊更加困難。一旦蒐集完可能需要的所有資訊之後，我們必須決定什麼是最重要的資訊，但也可能它只有些微重要性、或是一點都不重要。我們也該適度地考慮，如何才不會讓讀者感到無聊至極。在與讀者產生連結的前提下，收錄無關緊要的資訊也不無可能。

切記，人永遠不可能擁有**一切**資訊。有些問題是無法回答的，況且我們也沒有時間去研究完美論點所需的其餘元素。不過有一點請務必確認：最多批判性讀者所提出的問題，就非說明不可。

第九問：哪些重要資訊「被消失」？

以下各段例文中，都有重要資訊遺漏了。請列出清單，向每篇文章的作者提問。試著針對每篇文章，解釋為何這些資訊會影響你判斷推論的優劣。

短文1

研究顯示，大學生是體重容易過重的族群。更精確地說，近期有一份以十年為單位的研究指出，大學生過重的比例正在增加。二〇〇二年，有二五・四%的大學生過重；到了二〇一二年，增加為三〇・二%。研究人員推測，造成大學生過重的主因是不健康的飲食，以及飲酒量增加。

短文2

基因複製技術可望替醫學領域帶來許多正面突破。這項技術若能適當發展，人類將不會因為等不到器官捐贈而死亡。有了基因複製技術，研究者可以人工培養新器官，以供移植到有需要的病人身上。此外，由於這些器官是從病人本身的組織複製而來，並不會產生排斥反應。我們可以在屍體上培養器官，也就沒有「一命換一命」的難題。基因複製的另一項優點是可用來對抗疾病。複製器官所製造的特定蛋白質可被用來對抗如糖尿病、帕金森氏症和囊腫纖化症（cystic fibrosis）等疾病。

短文3

標準化測驗總是飽受批評。然而近期有一份研究指出，標準化測驗可能對學業成績有所幫助。這份研究以全美五百間高中為樣本，要求部分學校在學年中舉行一次標準化測驗，而對照組的其他學校則舉行兩次。舉行兩次測驗的學校，畢業率和只舉行一次測驗的學校相比，高出了二〇%；同時，舉行兩次測驗的學校，大學錄取率也比只舉行一次測驗的學校高出三〇%。這些發現清楚說明了標準化測驗的優點。

短文1示範回答

結論：大學生是體重容易過重的族群。

理由：近期一份研究發現，大學生過重的原因是不健康的飲食，以及飲酒量增加。

有哪些資訊遺漏了嗎？換句話說，從社經階級和人生壓力來源來看，造成大學生和其他人口過重的原因有何不同？其他研究是否也得出了相同的研究結果？如何選擇樣本？比方說，自願參與此研究者和隨機樣本之間是否有很大的差異，導致結論產生偏差？

短文2示範回答

結論：基因複製技術可為醫學領域帶來正面利益。

理由：

1. 基因複製可用於人體器官移植。
2. 基因複製可用來協助對抗特定疾病。

首先，此推論極力主張採用一項新技述——人體複製，並且只提及優點，隻字未提可能的缺點。我們需要同時考慮優缺點。使用複製器官可能產生哪些嚴重的副作用？複製器官如原本器官穩定嗎？基因複製技術對人類決策可能產生什麼正面和負面效應？假如器官可培養成熟、汰舊換新，人們會比較輕忽照顧自己的身體和器官嗎？有了這種科技後，人類會不會濫用它來製造複製人，從事非法行為？人類複製自己會不會讓地球已存的人口壓力加劇？這項技術的優點可能遠遠超過缺點，但我們需要兩者都了解，才能判斷結論是否合理。

接著，讓我們檢視此研究中遺漏的資訊。你是否注意到，文中沒有引用任何一篇研究？事實上，這篇論點沒告訴我們的是，美國從未實際進行人體器官複製。因此，所有複製技術帶來的利益都只是假設。至於實際的研究是否能證實這些假設？我們無從得知。

12 CHAPTER 有沒有更合理的結論？

本章學習目標

1 提防二分法思考造成的危險

2 發展灰色思維，捨卻黑白思考

本書至此，你更有能力篩選知識上的黃金——區別較強和較弱的推論理由。

請看以下論點：

> 大企業花太多時間和金錢做兒童廣告。電視上的兒童節目充斥著推銷最新玩具的商業廣告，不停告訴孩子們：沒有它，你不會快樂。這種廣告手法太可怕，應該被認定為非法行為。針對沒有批判能力、分辨廣告內容好壞的兒童大肆宣傳，帶給父母很大的壓力。父母能做的不是拒絕，就是屈服於孩子的要求。拒絕會讓孩子生氣；屈服又可能寵壞兒女。

你應該督促自家選區的國會議員，立法禁止以兒童為受眾的廣告嗎？假使你檢視了作者提出的理由後深信不疑。作者提出上述理由，做了結論；但是同樣的理由，是不是也有可能得出其他不同的結論？本章建議幾個可能的替代結論。換句話說，各種理由本身不會只導出單一結論。他們似乎帶領我們得出一個可能的結論。但是，他們往往提供了比單一結論更多的偏誤。

只能合理推論出一個結論的狀況極少發生，在第九章，我們討論了對立成因的重要性，重點在於一個特定結論可能有各種不同的可能成因。然而，本章則聚焦於從一組理由推論出各種可能的結果，來作為替代**結論**。

所以，你必須確定自己最後接納的結論最為合理，也最符合自己的價值觀。一旦你發現替代結論，將準備得更好，能從最多的選項中發現更強而有力的結論。

二分法思考：考慮多種結論的絆腳石

重要的問題很少能以簡單的「是」，或者斬釘截鐵的「否」來回答。當人們以非黑即白、是或否、對或錯、正確或不正確來思考時，便叫二**分法思考**（dichotomous thinking）。這種思考法假設一個問題只有兩個可能的答案，但實際上有好幾個潛在的答案。這種觀察和指涉一個問題的**雙**面性，就好像我們思考中，只有毀滅性的破壞性因素。

前面討論二選一謬誤時，我們曾經談及二分法思考。這種謬誤與一般的二分法思考會過度限制我們的視野而不利推論。我們以為考慮了兩種可能的決定，就大功告成，因此對其他諸多選項置之不理，也錯失了選擇其中之一可能帶來的正面結果。

二分法思考者的思想偏執僵化，因為他們並不了解脈絡對於某個特定答案的重要性。為了弄清楚重點，請想像下述狀況：

室友請你幫他想想倫理學報告要怎麼寫。這份報告的題目是：「科學家應該追求幹細胞研究嗎？」他認為，這份報告要求他回答「是」或「否」，並為自己的立場辯護。

而你已經學會，要避免二分法思考，可以把結論定性化（gualifying），也就是將結論放進脈絡中去討論。定性化的程序，需要你對任何結論提出以下問題：

1. 結論**何時**正確？
2. **何處**的結論正確？
3. 結論**為何**，或者**因為什麼目的**而正確？

於是你開始把這個程序運用到報告的撰寫上。

你向室友解釋：在某個特定的時間、處於某種特定的狀況時，為了達成特定的價值或目標最大化，人是否應該允許研究幹細胞？他要的是「是」或「否」，而你提出的答案卻是「得看……狀況而定」。

僵化的二分法思考會限制你的決策和意見範圍。更糟的是，二分法把複雜的狀況過度簡化。因此，二分法思考者混淆狀況的風險很高。

下一節將具體說明二分法思考的限制作用（restrictive effect）。

灰色思維：兩面或多面？

只要是人類能想像的重要問題，幾乎不可能只有兩種答案。因此，非黑即白就像正反兩面的思維，以簡單的形式隱蔽了一個問題擁有各種可能回應的複雜性，這隱藏了蓬勃可能回答的排列組合。

舉例來說，試想你正在考慮要不要主修化學？得出結論前，需要先蒐集足夠且大量的脈絡知識。我有夠格的化學腦，能當化學家嗎？是否發現自己對化學的想法充滿熱情？念其他系不知會怎麼樣？化學界的工作機會不會被聰明的人工智慧機器取代？職場上，化學人員的需求與本科系學生人數相較比例是多少？訓練學生成為化學家的教授強不強？他們在化學界人脈廣不廣？上述只是信手拈來的一小部分可能性，這需要去探索，在決定是否應該主修化學之前還有很多問題要回答。

灰色思維意指反思思考（reflective thinking），目的在於替複雜的問題找出「是」與「不是」以外的答案。黑白思維只給兩個答案，塑造快又令人滿意的假象，然而當你看不到黑和白答案的混合時，即代表你離睿智思忖結論，以及未來可能的成就越來越遠了。

在討論可能得出多個結論的幾段論點之前，先來確定你確實清楚這點：大部分重大爭議都可能有許多結論。以下舉出美國一直存在的問題：

乍看之下，這個問題以及類似的其他許多問題，似乎只要求回答「是」或「否」。但是，有條件的「是」或「否」，往往才是最好的答案。說某個答案「可能是」或「看情況而定」答案的好處，是強迫你承認自己懂得還不夠多，沒辦法提出肯定的答案。然而，你避開肯定答案的同時，等於做了需要你承諾和採取行動的臨時性決定或意見。尋找額外的資訊，改善你的意見獲得的支持力度，的確是明智之舉，但是到了某個時間點，即使你願意為其辯護的最強力答案是：「沒錯，可是……」還是必須停止搜尋，趕快決定。

問自己美國界入其他國家的問題，可能有什麼結論呢？當然了，簡單地答「是」或「否」，是兩個可能的結論。那麼是否還有其他結論嗎？有的，多的是！以下列出問題可能的幾個答案。

請注意，每個答案，我們都加了條件，結論才能成立。在缺少任何資料或定義的情況下，這五個結論中的任何一個，都可能十分合理。這五個答案，只是第一個問題的若干可能結論而已。

美國是否應該派兵到其他國家去維持和平？

1. 是，當這個國家與美國的關係錯綜複雜時，需要小心處理，如沙烏地阿拉伯（Saudi Arabia）。
2. 是，假如美國被視為世界唯一超級強權，負有維護世界和平的責任的話。
3. 是，如果美國的角色被限制在維持和平，且不用實際參與戰爭的話。
4. 是，當美國的經濟利益受到威脅時。
5. 否，美國有太多內政問題必須處理，不該再花時間去管別的國家了。

「如果子句」的幫助很大

回頭去看本章談過的各種可能結論，你將會發現，這些結論都能成立的原因，在於論點中遺漏了某些資訊、定義、假設，或分析理由的人身處的參考框架。因此，小心使用**如果子句**（if-causes），可以得出多種結論。在如果子句中，我們陳述了一種條件，以便得出特定的結論。注意使用如果子句，會允許我們得出某個結論時，不必假裝自己比實際上還懂某個爭論性議題。對批判思考者來說，經常使用如果子句非常重要，跟謙虛的價值一致。

當你使用如果子句導出結論時，就表示你對於沒有把握的議題，採用了特定主張或假設。從以下各結論之前的條件語句，可以更清楚了解這句話的意思。

1. 如果減稅是針對經濟底層的弱勢族群，那麼……
2. 如果小說內容包括一位容易辨認的主角、一位明顯的反派人物和一段令人毛骨悚然的高潮，那麼……
3. 如果車商能生產更省油的汽車，那麼……

想檢驗論點並提出合理結論，產生如果子句是絕佳的助攻，它可用於評價音樂、藝術鑑賞、大學評鑑或為總統演說打分數等。因為，這種論點需要有觀點或使用什麼標準，才能評價。

如果子句提供你多種結論，那麼在決定爭論性議題之前，你應該多方考慮這些結論。而且也可以擴大可能的結論清單，好讓你選擇自己的位置。

替代結論的自由解放效應

如果邏輯、事實、研究調查不可言傳，那我們可以用一種特殊的方式去學習。我們的任務將是找一個其他人，也許是位老師，傳授我們應該持有的信念。明確地說，邏輯或事實決定我們接受哪一套信念，我們照做不誤便是。

當我們十分尊重邏輯和事實時，就不能誇大邏輯和事實引導我們形成結論的價值。但在形成結論的過程中，它們只能引領我們到某個程度；至於邁向信念的其餘路程，在事實和邏輯的輔助下，得靠自己去走。

利用邏輯與事實助力的第一步，更是尋找和我們已知的邏輯、事實相符的各種可能結論。這個搜尋過程以很重要的方式解放了我們，使我們擺脫前述沒有彈性的學習模式。一旦我們認識到形形色色、各種可能的結論，每個人都會因為個人選擇變多而經歷振奮不已。

重點摘要

很少有什麼理由只能符合一種結論。評估一組理由之後，你仍然必須決定哪個結論和爭論性議題中最好的理由相符。為了避免在尋找最堅實的結論時，犯下二分法思考的毛病，我們可以透過**何時**、**何處**、**為何**的問題，提供結論的脈絡。

為了結論設定條件，有助於擺脫二分法思考。如果子句是表示這些條件的一種技巧。

例如，我們再來談本章一開始所提的「禁止針對兒童做廣告」的論點。有哪些替代結論，可能和作者所給的理由相符？

作者結論：做兒童廣告不合法。

替代結論：

1. 如果將公司行號視同個人，那麼就應該享有言論自由，包括廣告；因此公司行號做廣告的權利不該被限制。
2. 如果我們能證實兒童沒有能力評估、分辨自己看的節目，那麼廣告對他們的影響力很大，因此做兒童廣告就屬不合法，應立法禁止。
3. 如果立法提案的目的是限制兒童廣告的內容，那麼政府就不應該立法禁止，而是採取事前審核廣告內容的前瞻性做法。

根據作者的理由，我們還可以提出更多替代結論。我們應該縮小決定的品質，假如無法為了自己的信念，考量替代結論是否可能成為推論的基礎。

第十問：有沒有更合理的結論？

針對以下論點，設法從理由得出不同的結論。

短文1

為一大群人的飲食考慮並不容易。然而，校園裡的餐廳應設法提供更多樣化的選擇。長久以來，學生不僅抱怨學校餐廳提供的食物品質，也對菜色缺乏選擇表示不滿。學校餐廳要做的是供應更多菜色，好讓學生吃得高興，願意留在校園裡，而不是到校外用餐。若無法每天提供多樣化的菜色，表示校園餐廳沒有善盡服務的責任。

短文2

最近我才得知教會是不用繳稅的。這項例外政策違反了美國《憲法》的政教分離原則。提供教會免稅優待，代表政府對宗教提供了財務支援。即使有人反對教義，免稅政策形同強迫美國人民支持宗教信仰。教會不該繼續享有免稅特權。

短文3

美國前總統川普（Tramp）宣布社區大學完全免費計畫，這項針對教育層面的社會福利政策，使美國偏離資本主義根基。此外，若是進入大學就讀的機會增加，選擇進入技職體系的人數就會變少。目前，美國的技術性勞工已有短缺情形，這項計畫只會使情況更糟。

短文1示範回答

結論：學校餐廳未善盡責任，提供能滿足需求的服務。

理由：

1. 學生抱怨食物品質。
2. 每天可選擇的菜色種類不足。
3. 供應更多菜色可以滿足學生，並讓他們留在校園裡用餐。

為了運用此章所述的批判思考技巧，我們需要假設這些理由極具說服力。若我們認為這些理由可信，理論上，我們會做出以下結論：

- 餐飲服務的目的若是「提供廣泛的菜色選擇、同時確保最少量的浪費」，那麼學校餐廳目前的做法並無不妥。

・餐飲服務的主要目標若是「降低校園餐廳的價格」，而多樣化的菜色會造成價格上漲，那麼，目前學校餐廳已經達成要求。

請注意，這兩個替代結論使校園餐飲服務和原文結論中的負面形象大不相同。

短文2示範回答

結論：教會不該繼續享有免稅特權。

理由：

1. 免稅優待違反了美國《憲法》的政教分離原則。
2. 即使有人反對教義，免稅政策形同強迫美國人民支持宗教信仰。

根據這些理由，我們可以推導出其他結論：

（1）若這項免稅政策和《憲法》有所牴觸，我們可能需要修改《憲法》，如同法院依據時代的需求來調整判決。

（2）第二項原因可能導向「需要加強公民教育」的結論。原因為何？民主法治程序本身就會導致人民無法依個人意願來繳稅。若國會做出決議，認為國家需要擴軍，人民就必須為此納稅，無論個人是否願意為國防預算出力。

13 CHAPTER 克服批判思考的障礙

本章學習目標

1 分析批判思考可能遇到的各種障礙

2 了解詢問批判性問題、快思、堅持信念、答錯問題、秉持自我中心主義、一廂情願等所造成的社會不適感會引發危機即使你學會批判思考，也打算善用此思考工具，期許自己成為慎思明辨的人，仍不免發現，在習得批判思考技巧並付諸實行的過程中有許多障礙。我們將「障礙」稱為「減速丘」（speed bump）的原因有三：一、當你慢下來後就能克服；二、不論你是否意識到，它們的確存在；三、即使意識到障礙的存在，它們仍會妨礙你並拖住你的腳步。

但是，想要有效戰勝批判思考的減速丘，第一步即是知曉潛在的問題。因此，最後一章致力於幫助各位認知何謂妨礙進步的減速丘，並帶領各位成為批判思考者。一旦你認識了何謂干預批判思考的障礙，當它們造成的威脅出現時，即可督促自己多加小心。

問對問題，卻令人不舒服

正如我們在第一章所學，批判思考是社會活動。與人接觸往來，為了了解他人的觀點，我們都必須願意去問對的問題。請切記，不是任何人都能坦然面對自身論點遭到質疑。因此，第一名減速丘便是考量問對問題的不舒服感會讓對方做何反應。

身為接收批判問題的一方，足以令人覺得自己彷彿站在法庭證人席上遭受訊問。隨著問題越來越多，對方除了心生不適，甚至可能覺得被威脅，結果勃然大怒或拒絕繼續對話。這樣的人可能不習慣解釋支持自身論點的理由，或者自己為何支持這些原因。即使你了解自己問出的問題，對你和其他人的小心思索很重要，也不代表對方的看法會與你一致。

我們必須注意提問對往來對象造成的影響。批判思考者若是不夠謹慎，可能造成人際關係不必要的傷害，關係甚至從此一刀兩斷，這一切都肇因於你引發他人不舒服與不安的情緒。因此為了經營永續關係，我們必須了解受眾，圓融靈活地運用批判思考的技巧。

思考過快

人人都是思考者。早上決定要穿哪件襯衫或該信什麼教，我們的心智幾乎馬不停蹄地在面對這個世界，無時無刻都在思考。

人類大腦思考的速度可以很快。不過幸運的是，大腦還有其他能力，也就是康納曼提出的「慢想」。這思考的第二種形式，又稱「系統二思考」，也是本文的重點。

慢想是運用大腦的一種方式，旨在理性吸收與評估他人正在溝通的事物。若想用三個字總結本文，便是在思考重要事物時「**慢下來**」。

此外，系統一思考指的是基於少量可用資訊而快速評斷，無須經過深思熟慮。未經緩慢、有條理思考所下的評斷，犯錯機會想必很高。

幸好，希望永不止息。系統二思考能推翻系統一的結論。我們的任務在於透過訓練，不讓系統二依賴系統一。依賴系統一很簡單，省下分析和評價我們調查的工作；另一方面，仰賴系統一也代表我們為了貪快，自願犧牲正確度與明智的行為。我們希望各位養成自問自答的習慣：「**我靠什麼來支持自己的信念與結論？**」

刻板印象

談論任何主題前，我們都早有某些既定的信念或心智習性（habits of mind）。當我們有刻板印象時，聲稱一個人隸屬某一特定群體，他一定有一組特定的特徵。刻板印象是無法取代慢想的，請見下列例子：

1. 臉上有鬍鬚的男人很聰明。
2. 胖子個性活潑。
3. 日本人勤奮肯做。
4. 年輕人輕浮無知。
5. 女性是最佳祕書。
6. 領社會福利金的人好吃懶做。

上述六種形象試圖傳達重要訊息：某種類型的人會有某種特質。如果我們信以為真，就無法以開放心態與人來往，而開放心態正是強義批判思考的必要條件。再者，遇到與這些人有關的問題或爭議，我們將會立刻帶著偏見眼光。刻板印象會讓議題**凌駕於**理性思辨之上。

每個人都值得我們尊重，他們的論點都值得我們關注。刻板印象之所以是批判思考的絆腳石，在於它試圖抄捷徑，縮短評價的困難程序。身為批判思考者，我們希望展示好奇心和開放心態，刻板印象只會扯後腿，不讓我們謹慎思考別人談話的內容。刻板印象提早關上我們的心房，造成我們忽略了可貴的資訊。

誤導我們的心智習慣

我們有各式各樣的認知能力，但是卻受到一系列心智習慣的限制和誤導。這種認知偏差會拉扯我們，除非我們能導正。當我們全面性的運用批判思考技巧時，慣性會誘導我們做出自己絕對不會接受的結論。雖然本節討論的認知偏差僅少數幾種，但了解並嘗試抗拒我們討論的就足以大幅改善結論的品質。

光環效應

光環效應（halo effect）意指我們傾向認知一個人的正、負面特質或特性，並以此特質或特性連結與此人相關的一切。

我們對他人的觀感，影響自己如何接收和評估對方提出的論點。若某人在生活的某一方面特別熟練，我們在心中會替他安上光環，假設他在其他方面也一樣表現突出。結果對他的論點太過買單。

舉例來說，有位女性名人歌喉美妙，又常捐助大筆金錢給慈善機構，當她必須進勒戒所戒毒的消息一出，會令大眾非常錯愕。這意味著我們過度誇大了名人美好的一面。由於光環效應作祟，我們已經認為那人完美無缺，往往連帶信任其思考方式毫無問題。

同理可證，當某人做了我們視之的壞事，我們會認定那人壞到無可救藥，對他所提的論點一概不信。甚至，在還不清楚對方說的一個字之前，就先快速評斷他是好是壞。接著，對於他的意見都透過快思來反應。

信念的堅持性

我們帶著大量先入為主的觀念參與所有對話。豐富的人生經驗某方面形塑了我們；我們都懷有夢想，它指引我們去看去聽；所屬的文化傳統也促使我們以特定方式去思考。簡而言之，萬事以個人意見為首。回到先前的淘金比喻，**在**你拿起工具、打算去挖礦**之前**，早已認為自己手中有黃金。你非常珍惜自己的信念，因為它們造就了你。想要堅持這些信念也不難理解。因為你已經投注大量心力，讓你的意見成為自己的一部分。

固守或堅持個人信念的傾向是批判思考中的主要障礙，因為我們從開始交換意見時就偏好自己現有的意見和結論。

如果我比較喜歡民主黨推出的市長候選人，不管背後的理由有多麼膚淺脆弱，可能會一直抗拒你為共和黨候選人所做的訴求和推薦，因為要我承認過去的判斷有瑕疵非常困難。這種忠誠於個人信念的誇張行為就是**確認偏誤**（confirmation bias）的來源之一，我們傾向於只將自己已經相信且確認的證據當成好證據。在這種態度下，信念的堅持性會導致弱義批判思考。

部分信念的堅持性源於誇大自己的能力。相較於任何我們可以找到的評價方式，我們持續傾向評估自己更擅長打牌、文法、時間管理。這種不幸的心智習慣往往也掌控了我們的感知。我們生活在難以置信有偏見的人之中，且以為唯獨自己沒有。我們總是告訴自己很公正，看待事情不偏不倚，其他人卻是戴著模糊、有色的眼鏡來看世界。我們最大的偏執是「**我們**沒有偏見，但是有偏見的是那群不同意我的人！」

為了對抗信念的堅持性，記住下述內容會有幫助。強義批判思考要求我們承認，判斷是嘗試性的或脈絡性的。我們絕不允許自己太過武斷，而停止追尋更好的版本。正如知名科學家法蘭西斯・培根（Francis Bacon）一六二〇年所說：

> 當面對更好的論點而改變自己的心意時，應該為自己高興和驕傲，因為成功抗拒了堅持己見的誘惑。這種心智改變是很珍貴的反省能力，值得人人讚賞。

可得性捷思法

系統一思考之所以令人怠於思辨，是因為我們天生習慣依賴已有的資訊，而並非我們需要做出更好決策的資訊。吸收與處理額外的資訊，需要花費時間與心力。可得性捷思法（avaliability heuristic）意味著心理上的捷徑，人們在做出決定時，往往會一而再、再而三的奠基在我們唾手可得的資訊上。

試想有人問你：對人類安全最大的威脅是恐怖主義或飢荒？你最常聽到哪一種答案？大型政府組織會介入處理的問題是兩者中的哪一個？如果你的答案是「恐怖主義」，那麼你就錯選了一個比例僅有千分之幾的答案——世界上每天有逾六萬人死於飢餓或不安全的飲用水，相較之下只有少數人死於恐怖分子之手。在選擇攻擊論點的問題時，以上的資訊就十分關鍵。

可得性捷思法還有另一個類似的例子。人類最大的威脅是瘧疾或暴力？你心裡浮現何種畫面？請回想你看過的新聞報導中，這兩種致死現象的實例數字？再想想防制瘧疾與暴力的公務員人數。莫忘歷史上發生的大大小小戰爭。現在，你應該知道哪一個敵人的威脅更大。沒錯，就是瘧疾。死於瘧疾的人數比暴力受害者高出約三三％。

可得性捷思法也與一個有害的心理習慣密切相關，即**近因效應**（recency effect）。最新發生的資訊通常可以立即取得，作為思考的依據。譬如，即使搭飛機相當安全，但是空難發生後的一段時間，仍有許多旅客選擇不搭飛機。從大眾的角度看來，單一空難事件在思考中所引發的效應，大於顯示空難發生率微乎其微的系統性安全統計數據。

答非所問

無法有效跟他人溝通肇因於不幸的心智習慣，因此若不改掉，就無法成為高超的批判思考者。當有人詢問我們問題時，我們經常會自動給出心中最快浮現的答案，而且答非所問。我們針對錯誤問題，回答了答案。我們下意識地把別人問的問題換成了自己的問題。

請看這個例子，史蒂芬·柯瑞（Steph Curry）是世界最偉大的籃球員嗎？「我不知道在哪裡看過，他說在自己的職業生涯裡，輸掉了三百場以上的比賽。」你覺得這個答案如何？有任何人問柯瑞輸了多少場比賽嗎？如果他輸了三百場，其他史上最佳籃球員候選人又輸了幾場？

請嘗試在一篇《滾石》（*Rolling Stone*）雜誌訪談中找出減速丘。當基思・理查茲（Keith Richards）被問及與米克・傑格（Mick Jagger）之間的嫌隙時，他這麼回答：

> 我和米克都是專業音樂人，只做音樂上必要的事。

對理查茲來說，回答這個問題顯然很費功夫，他心裡或許先忍住了不適合在《滾石》的公開平台說出來的答案。

對批判思考者來說，重點在於一旦有人答非所問，對話走向就與一開始的討論不同了，結果開啟了另一段截然不同的對話。總之，慢想很難，當有人不讓我們聚焦於單一問題時，將會大幅削弱我們提出高效批判問題的能力。

自我中心主義

請想想為何你總在同一個地方碰到減速丘。我們都為自己著迷，也忠於自我。**自我中心主義**（Egocentrism）指的是人們以自己為世界的中心，毫不考慮他人的經驗和意見。比起全球每天有超過三萬五千人餓死，我們更關心的是家裡的食物櫃暫時空了。不知怎麼的，我們認為地球至少應該繞著自己的經驗、想法與需求轉動。

事實上，檢視任一減速丘時，若能像重視自己一樣，透過他人角度並以他人意見為依歸，對你將是很好的系統二練習。跟你不一樣的人怎麼過日子，更值得你高度關注與參與。你需要反覆傾聽並詢問這些人的意見：「**所以，你說的是這個意思嗎？這是你這麼說的原因嗎？**」你強迫自己進入他們的腦中，找找有無支持他們結論的強大基礎。

以信念的堅持性為例，若我們能用全新的觀點來看待，那麼他人的信念將會和我們自己的信念獲得同樣的尊重。而且，別人的信念將被視為自己的完整傾聽。唯有我們開始真的從深處傾聽各種理由和觀點，否則只要我們意識到它們並非出於自己接近的部落或家庭的意見，就會被消失。了解有多少事情只出於我們的信念，所以我們就相信，非常嚇人。

表明自身論點或評估他人論點時，我們往往忘了觀眾的存在，只聚焦在什麼是自己知道的，和我們知道怎麼做，這就是自我中心主義持續作祟。

當你溝通的對象是沒學會批判思考技巧和重要性的人時，留意觀眾非常重要。

批判思考者對**知識的詛咒**（curse of knowledge）束手無策，這點與常人並無二致。知識的詛咒指的是，當下聽了無法理解，事後也無法重述的內容。要是忘了知識詛咒的存在，就會陷入《宅男行不行》（*The Big Bang Theory*）中謝爾頓和佩妮的對話情境：

謝爾頓：我有符號學的問題需要妳幫忙。
佩妮：啥？
謝爾頓：符號學是研究跡象與象徵的學問，可視為語言學的一支。
佩妮：親愛的，停。你一定以為自己解釋得很清楚，事實上有說等於沒說。

如果謝爾頓多想想佩妮是什麼樣的人，就會發現他的自我中心主義阻絕了任何的理性對話。

一廂情願是批判思考最大的絆腳石

二〇〇五年，美國著名脫口秀節目主持人史蒂芬・柯貝爾（Stephen Colbert）創造了**感實性**一詞，來提醒我們注意一些危險的心智習慣。一個人忠誠於感實性，是指他偏好自己希望成真，而非被認定為真的概念或事實。我們渴望的世界具有某些特質。希望事情可以更為公平、仁慈和具生產性，但不同於質疑這種世界是否更為接近現實，我們當中的一些人只將信念打造成符合自己假想的世界。我們希望什麼是真的，就宣稱它是真的。我們希望商標誠實且直接，如此購物時就能少點猶豫，相信產品正如他商標文字上的文字所顯示。

也就是說，事實順從我們的信念，而非我們將信念配合於事實。我們很確定，你已經看出這當中的問題。因為希望翻轉現況，而相信現況真的要有所改變。一旦我們發現自己有感實性的傾向，就需要一再追問自己：「**是我一廂情願希望它是真的，或者有明確的證據可以證明它是真的？**」否則我們將會像《哈利波特：混血王子的背叛》（*Harry Potter and the Half-Blood Prince*）中的哈利波特一樣，因系統一思考而出糗：

哈利波特：是馬份幹的。

麥教授：波特，那是很嚴厲的指控。

石內卜：沒錯。你有什麼證據？

哈利波特：我就是知道是他幹的。

石內卜：你……就是……知道？（嘲諷語氣）我再重申一次，波特，你的天分真令我驚訝啊。

一廂情願的想法（wishful thinking），因為我們的否定模式經常出現。我們的潛意識經常在不知不覺中抗拒事實，設法從美好的面向來看世界，逾越了事實真相的界限。我們面對問題的憂慮和恐懼，各別形成一層保護膜，讓我們看不清自己所居住的真實世界。

回想一下，你這一生當中聽過多少次國家領導人高聲疾呼：戰爭即將結束，我們很快就要贏得勝利。但是這類預測通常證實是空頭支票，到頭來，我們還是得面對現實：戰爭一拖再拖，勝利浮在雲端，誰也贏不了誰。只是，想到這種真相就讓人痛不欲生。所以，我們的心智消除它。

有種一廂情願的想法，名為奇幻思維（magical thinking）。對科學無法合理解釋的現象或無法妥善控制的事物，人們傾向於使用奇幻思維來說明因果關係。來聽聽《辛普森家庭》的霸子怎麼批判奇幻思維：

美枝：好了，孩子們，把信給我吧。我要寄去北極的聖誕老人工作室。
霸子：拜託喔，只有一個胖男人會送我們禮物，而且他不叫聖誕老人。

當人們強烈感覺不能了解或改變一種情況時，奇幻思維的傾向就達到最高峰。倘若現實生活中的隨機現象或偶然意外被認為太過殘忍無情，人們就拿奇幻思維的正向承諾來取而代之。一定會有某人或某個好點子改變一切，帶來光明美好。想想選舉時，政治人物對選民端出的牛肉就知道。我們並非因為他們說話有憑有據而投下信任票，只是單純想要信任他們罷了。

一廂情願和本章所提到的每種障礙的解藥，都需要積極使用批判性問題來消除它們。這些障礙將是我們生命中的一部分；我們不能忽視它們，但絕對可以使用好奇心和批判思考的原則來抗拒它們。

小結

批判思考是很有用的工具，對你有所幫助，能否發揮功能要看你努力的程度而定。在結束本書之前，我們鼓勵你將自己開發出來的批判思考態度和技巧做最佳運用。

本書花了大半篇幅和心力，建構出你專屬的全方位批判思考「技巧」。第一章指出批判思考者的主要價值觀是**自主性**、**好奇心**、**人性**與**對良好推論的尊重**。

若想在生活中奉行上述價值

批判思考的減速丘

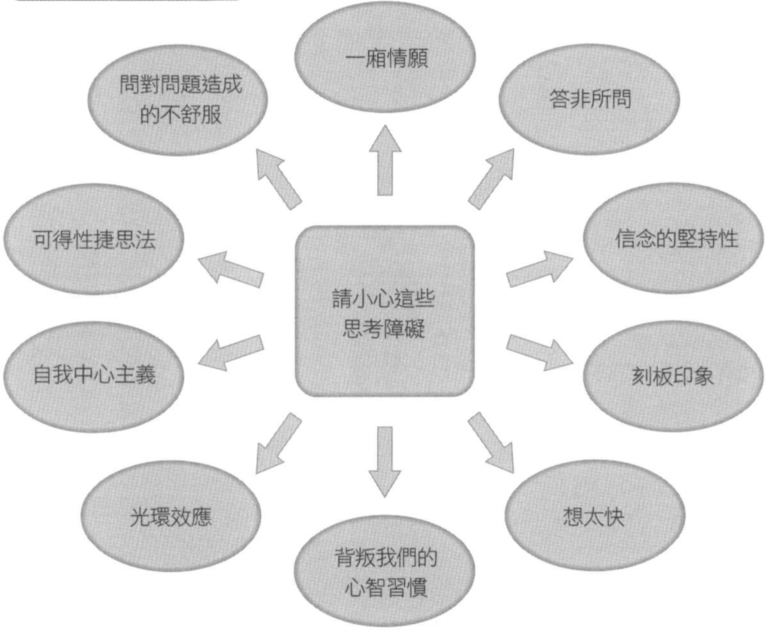

觀為圭臬且付諸行動，需要發展特定的心理習慣。這些習慣並非與生俱來，也難以養成。我們給各位的挑戰是頻繁進行自我評量：「**我是否使用自己所學到的批判思考技巧般生活？**」為了幫你達成目標，我們提供了每種習慣的簡短說明，也將你定位為批判思考者。

批判思考者應有的行為：

1. 吸收大量資料，據此提供多元觀點與全面性的假設。
2. 以理由與證據作為決策依據。

批判思考者

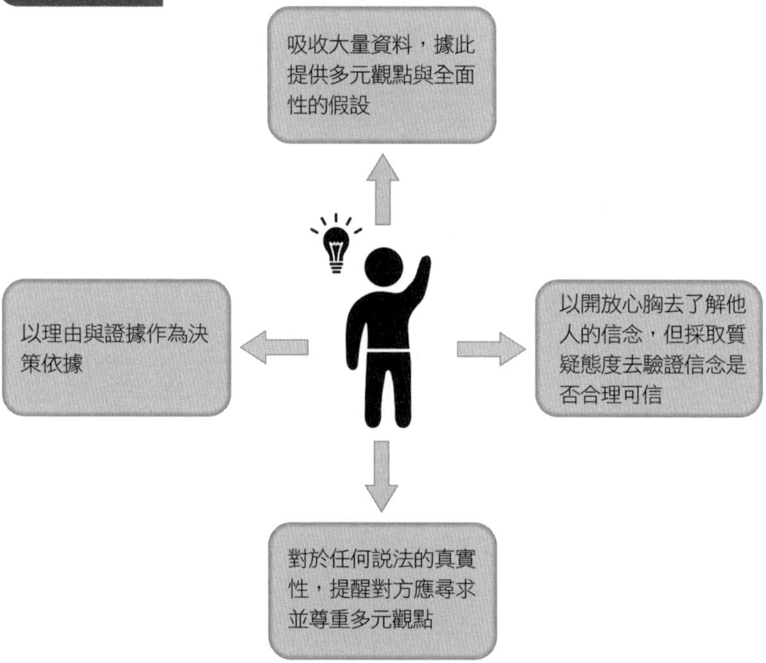
吸收大量資料，據此提供多元觀點與全面性的假設
以開放心胸去了解他人的信念，但採取質疑態度去驗證信念是否合理可信
對於任何說法的真實性，提醒對方應尋求並尊重多元觀點
以理由與證據作為決策依據

3. 以開放的心胸了解他人的信念；但採取質疑的態度去驗證信念是否合理可信。
4. 對於任何說法的真實性，提醒對方應尋求並尊重多元觀點。

如何讓別人感覺到你的批判思考是友善的工具，可用來改善聽者、說者、讀者和作者的生活品質？像其他批判思考者一樣，我們也一直在努力思考這個問題。目前為止，我們認為最有用的策略，就是以好奇的口吻來提問批判性問題。絕對不是以「哈！我可當場逮到你的錯誤了」這種態度來批判。

我們的臨別贈言是，希望你多參加議題的討論。批判思考不是枯燥無味的業餘嗜好，不是只供課堂或考場使用的工具，更不是讓你炫耀機智、辯才的手段。它提供通情達理的人建立出合作結盟的平台。信念很神奇，但報酬會在後續的行動中出現。在你找到問題的最佳答案之後，你應該去實踐那個答案。讓批判思考變成你創造引以為傲認同的基礎，讓它為你工作，也服務於你找到自己的社群。

我們衷心期待你的回饋。

思辨，從問對問題開始
【暢銷經典版】美國大學邏輯思考聖經

作者	尼爾 · 布朗 M. Neil Browne 史都華 · 基里 Stuart M. Keeley
譯者	羅耀宗、蔡宏明、黃賓星
商周集團執行長	郭奕伶
商業周刊出版部	
總監	林雲
責任編輯	羅惠馨、王志銘（初版）；林昀彤（二版）；林亞萱（三版）
封面設計	Javick 工作室
內頁排版	中原造像
出版發行	城邦文化事業股份有限公司　商業周刊 地址：115020 台北市南港區昆陽街 16 號 6 樓 電話：（02）2505-6789　傳真：（02）2503-6399
讀者服務專線	（02）2510-8888
商周集團網站服務信箱	mailbox@bwnet.com.tw
劃撥帳號	50003033
戶名	英屬蓋曼群島商家庭傳媒股份有限公司城邦分公司
網站	www.businessweekly.com.tw
香港發行所	香港發行所 城邦（香港）出版集團有限公司 地址：香港灣仔駱克道 193 號東超商業中心 1 樓 電話：（852）2508-6231　傳真：（852）2578-9337 E-mai：lhkcite@biznetvigator.com
製版印刷	中原造像股份有限公司
總經銷	聯合發行股份有限公司 電話：（02）2917-8022
初版 1 刷	2011 年 9 月
二版 1 刷	2019 年 4 月
三版 1 刷	2023 年 12 月
三版 6.5 刷	2024 年 8 月
定價	定價 420 元
ISBN	978-626-7366-32-5（平裝）
EISBN	（PDF）9786267366318 ／（EPUB） 9786267366301

（本書為 2011 年《問對問題，找答案》、2019 年《看穿假象、理智發聲，從問對問題開始》改版）
本書內頁圖片來源：©Vecteezy.com

國家圖書館出版品預行編目 (CIP) 資料

思辨，從問對問題開始：【暢銷經典版】美國大學邏輯思考聖經／尼爾 · 布朗、史都華 · 基里著；羅耀宗、蔡宏明、黃賓星譯 . -- 初版 . -- 臺北市：城邦商業周刊 , 2023.12
320 面 ; 14.8 × 21 公分 . --（藍學堂；192）
譯自 : Asking the Right Questions: A Guide to Critical Thinking
ISBN 978-626-7366-32-5（平裝）
1. 推論 2. 辯論
159.4　　108003905

藍學堂

學習・奇趣・輕鬆讀